A casa minimalista

Joshua Becker
com Eric Stanford

A casa minimalista

Guia prático para uma vida livre de
excessos materiais e com novo propósito

TRADUÇÃO
RODRIGO PEIXOTO

Título original: *The Minimalist Home*
Copyright © 2019 by Joshua Becker
Esta tradução foi publicada mediante acordo com a WaterBrook, selo da Random House, uma divisão da Penguim House LLC.

Direitos de edição da obra em língua portuguesa no Brasil adquiridos pela Agir, selo da Editora Nova Fronteira Participações S.A. Todos os direitos reservados. Nenhuma parte desta obra pode ser apropriada e estocada em sistema de banco de dados ou processo similar, em qualquer forma ou meio, seja eletrônico, de fotocópia, gravação etc., sem a permissão do detentor do copirraite.

Editora Nova Fronteira Participações S.A.
Rua Candelária, 60 — 7º andar — Centro — 20091-020
Rio de Janeiro — RJ — Brasil
Tel.: (21) 3882-8200 — Fax: (21) 3882-8212/8313

CIP-BRASIL. CATALOGAÇÃO NA PUBLICAÇÃO
SINDICATO NACIONAL DOS EDITORES DE LIVROS, RJ

B356c

Becker, Joshua
    A casa minimalista: guia prático para uma vida livre de excessos materiais e com novo propósito / Joshua Becker, com Eric Stanford; tradução Rodrigo Peixoto. - 1. ed. - Rio de Janeiro: Agir, 2019.
    256 p. ; 23 cm.

    Tradução de: The minimalist home
    ISBN 9788522006724

    1. Armazenamento em casa. 2. Limpeza e organização da casa. 3. Eliminação da desordem. I. Stanford, Eric. II. Peixoto, Rodrigo. III. Título.

19-59714
                                                                  CDD: 648.8
                                                                  CDU: 64.012

Vanessa Mafra Xavier Salgado - Bibliotecária - CRB-7/6644
30/08/2019   09/09/2019

*Dedicado à minha família,
que faz do meu lar o lugar onde eu mais gosto de estar.*

Sumário

Parte I – Você 9
1 – A transformação minimalista 11
2 – O Método Becker 25

Parte II – Espaços 47
3 – Cômodos "nossos" 49
4 – Refúgio pessoal 65
5 – Icônico 81
6 – Varredura 101
7 – O coração do lar 117
8 – Libertando a mente 135
9 – Desonere-se do passado 153
10 – Sua segunda chance de causar uma
primeira impressão 171

Seção especial: Guia de Manutenção do Minimalismo 189

Parte III – Futuro 199
11 – Uma pequena sugestão 201
12 – Isso muda tudo 223

Notas 239
Agradecimentos 253

Parte I

Você

1
A transformação minimalista

Tire o máximo proveito do lugar mais importante do planeta: sua casa

Eu perco a paciência com esses programas de transformação de casas que fazem muito sucesso na TV. Vocês sabem como é. Um casal descontente com sua casa convida um especialista para avaliar o lugar. Nervoso, o casal concorda em apertar o cinto ao máximo para fazer o maior número de mudanças possível na casa. Então vem o pessoal da reforma, são feitos consertos e melhorias (e sempre surge um obstáculo para aumentar o drama). Terminado o trabalho, o especialista decora o lugar com móveis novos e objetos sem personalidade, sempre seguindo a cartela de cores do ano. Por fim, os moradores voltam para ver a grande revelação e ficam com lágrimas nos olhos ao se deparar com a nova aparência do seu lar.

Isso me tira a paciência porque, embora a casa possa estar mais bonita, os donos terminam com a mesma quantidade de coisas que tinham antes, às vezes até com mais. E essas coisas podem acabar atrapalhando a maneira como eles querem viver, em vez de contribuírem para a busca de seus objetivos. Aliás, quando a euforia com a nova decoração passa, será que eles notam uma real mudança na vida? Suas casas se tornam mais pessoais e facilitam o dia a dia deles ou apenas ficam mais agradáveis aos olhos? Pior: a casa renovada exige mais tempo, dinheiro e energia para sua manutenção do que antes?

Pouquíssimas pessoas são escolhidas para participar desses programas de TV, mas a maioria de nós faz algo parecido em nossas casas. Estamos decepcionados com o espaço onde moramos. Gastamos muito dinheiro comprando coisas para ele e muito tempo na organização, na limpeza e na manutenção dessas coisas. No entanto, nos raros momentos de folga para curtirmos a casa, ela não se parece com o local onde gostaríamos mesmo de morar. E o que fazemos? Ou deixamos para lá, ou continuamos procurando ajuda nos locais errados. Vemos comerciais, visitamos showrooms e lojas on-line e temos certeza de que precisamos de mais coisas e de coisas melhores, com um projeto de organização e decoração diferente. E ao nos esforçarmos ao máximo para melhorar o espaço onde moramos, bem... ele pode melhorar de alguma maneira, mas continua não sendo satisfatório de verdade, nem abre caminho para uma mudança de vida substancial.

E se o problema não for a falta de bens materiais nem a incapacidade de administrar o que temos? E se o problema for o fato de que moramos nas casas que os publicitários e comerciantes querem que tenhamos, não nas casas de que realmente precisamos e que queremos?

> Ajude outras pessoas compartilhando as dicas deste livro nas redes sociais. Basta postar ou tuitar as dicas que você encontrará ao longo destas páginas com a hashtag **#casaminimalista**.

Eu sempre digo que, se quiserem ficar satisfeitas com suas casas e começar a viver de maneira mais plena, a grande maioria das pessoas precisa fazer uma transformação minimalista no próprio lar. Você está disposto a me acompanhar e a explorar essa ideia para a *sua* casa? Quer descobrir que existe mais alegria em gostar do que temos, algo que jamais poderíamos obter acumulando cada vez mais coisas? Espero que sim, porque meus anos de experiência garantem que, ao se livrar do excesso em cada um dos cômodos, você não apenas vai se sentir livre do estresse de ter tanta coisa ao redor, mas também estará livre para focar no que realmente quer fazer na sua vida nos poucos anos que terá neste planeta.

Pense nos benefícios de uma transformação minimalista na sua casa:

Você não precisa de um decorador de interiores para fazer isso. Não precisa de uma equipe de obras nem de um corretor de imóveis ao seu lado. Não precisa de um grande orçamento (ou de nenhum orçamento, na verdade). Além disso, o tempo que você vai investir será recuperado muitas vezes ao longo dos anos.

Tudo de que precisa é determinação... e de alguns conselhos para guiá-lo nessa jornada!

Revolução da porta para dentro

Na primeira década da vida de casados, Shannan e o marido se mudaram várias vezes, e uma coisa sempre se repetia: em todos esses lugares, eles acumularam cada vez mais coisas, e não demorava muito até que a casa nova começasse a ficar entulhada e desorganizada. Shannan não gostava dessa situação e se sentia culpada, mas não sabia o que fazer. Ao mesmo tempo, ela também notava um crescente ressentimento do marido em relação à bagunça. Quando recebia visitas, ela mudava as coisas de lugar para dar uma ilusão de organização, mas é óbvio que essa manobra não atacava a raiz do problema: eles simplesmente tinham coisas de mais.

Pouca coisa mudou até o dia em que Shannan e o marido deixaram sua casa no Meio-Oeste para fazer uma viagem ao Tennessee, onde se hospedaram num chalé. "Tendo apenas o que levamos na mala para uma semana, o chalé parecia espaçoso e confortável, embora não fosse muito grande", disse ela. "Quando voltamos de viagem, eu quis aquilo na nossa casa: espaço para respirar e desfrutar nossa vida sem coisas pelo caminho."

Esse foi o momento em que Shannan se deu conta. O insight. O estalo.

Já notei que geralmente existe um momento em que algo leva as pessoas a quererem uma transformação minimalista. No meu livro *The More* *of Less*,* falo sobre o momento do meu estalo, que veio num sábado de 2008, quando eu estava frustrado, limpando minha garagem, e um vizinho disse que eu não precisava ter tanta coisa.

Você já teve o estalo do minimalismo? Algo que tenha aberto seus olhos para a bagunça que enfrenta e levado você a fazer alguma coisa para dar um jeito nisso? Se não teve, espero que este livro o ajude a dar o primeiro passo para mudar de vida.

SETE FATOS SURPREENDENTES QUE REVELAM QUANTO NÓS TEMOS

1. Nos 35 países mais ricos do mundo, o total do consumo material é em média cem quilos por pessoa a cada dia.[1]
2. Os americanos gastam 1,2 trilhão de dólares anuais em produtos não duráveis desnecessários.[2]
3. Os Estados Unidos têm mais de cinquenta mil depósitos, mais do que o número de Starbucks, McDonald's e Subways somados.[3] Atualmente, há mais de meio metro quadrado de espaço de armazenagem particular para cada pessoa nesse país. Sendo assim, em teoria, "todos os americanos poderiam ficar de pé, ao mesmo tempo, sob os tetos de depósitos particulares".[4]
4. Quase metade das famílias norte-americanas gasta tanto que não consegue guardar dinheiro algum.[5]
5. Hoje, os "12% da população mundial que moram na América do Norte e na Europa Ocidental são responsáveis por 60% dos gastos com consumo privado, enquanto o terço da população mundial morando no Sul da Ásia e na África Subsaariana responde por apenas 3,2%".[6]
6. A indústria de organização do lar (aproveitando-se do nosso desespero por tentar organizar tudo que temos) faturou 16 bilhões de dólares em 2016 e vem crescendo 4% ao ano.[7]

---

* Título não publicado no Brasil. Em tradução livre, *Menos é mais*. (N. E.)

> 7. Ao longo de um tempo médio de vida, por conta da desorganização na qual vivemos, gastamos 3.680 horas (ou 153 dias) procurando objetos desaparecidos. Telefones, chaves, óculos de sol e papelada estão no topo dessa lista.[8]

O estalo de Shannan no chalé a inspirou a finalmente atacar o "problema das coisas" em sua vida. Assim que chegou em casa, ela se matriculou no meu curso on-line Uncluttered, sobre como se livrar de excessos, e logo começou a fazer progressos. A cada semana, ela se livrava de dez ou doze caixas. O marido entrou no ritmo e fez uma limpeza nas ferramentas e máquinas que guardava na garagem. A transformação minimalista estava em pleno curso na vida deles.

Em certo momento, o casal tomou decisões difíceis sobre o que manter ou jogar fora. Esse tipo de decisão pode levar muitas pessoas a desistirem do processo antes de obterem todos os benefícios (e eu vou ajudar você a tomar algumas dessas decisões ao longo deste livro). O progresso do casal ficou um tempo estancado, mas eles seguiram em frente e acabaram transformando todos os cantinhos da casa graças à minimização.

> Minimalismo não tem a ver com se livrar das coisas que você ama, mas com se livrar das que desviam sua atenção daquilo que você ama.
> **#casaminimalista**

Shannan relatou: "Agora, nossa casa é um lugar onde meu marido pode chegar e desfrutar dos seus hobbies, e, como casal, vivemos livres dos ressentimentos e estresses do mundo exterior. É uma espécie de santuário."

Minimizando, eles mudaram o que sentem pela casa. O mais incrível, porém, é que se sentem diferentes consigo mesmos. (Embora isso não me surpreenda.)

"Para mim, a questão não é mais sobre as coisas", disse Shannan. "Meu marido também mudou. Agora nós andamos de bicicleta e passamos mais tempo juntos."

E não para por aí. "Além disso, o relacionamento com meu marido se tornou mais amoroso. Deixei de ser uma pessoa presa no casulo, com medo das pessoas e do que elas pensam de mim, e me tornei alguém que quer ser parte das coisas. Estou fazendo esforços conscientes para participar quando há um grupo de pessoas conversando e tento oferecer ajuda a desconhecidos. Eu olho as pessoas nos olhos ao passar por elas, faço conexões. Nunca fui assim, e me sinto bem mais incluída na vida agora, deixando que os outros se aproximem. É inacreditável como o mero ato de se livrar das coisas pode gerar isso."

É verdade... Como o simples minimalismo *pode* mudar tanto a vida das pessoas? Isso parece uma expectativa exagerada. No entanto, eu já vi acontecer em vários casos. Ter menos cria a oportunidade de viver mais.

Eu escrevo no meu blog (*Becoming Minimalist*), ensino minimalismo e há uma década dou palestras em conferências ao redor do mundo sobre as alegrias de se ter menos. Já cansei de ver, mais vezes do que sou capaz de lembrar, o efeito quase mágico de se calcular a quantidade exata de coisas que devemos ter. Nesse processo, as *próprias pessoas* se transformam de jeitos positivos.

Então, embora este livro seja sobre transformações minimalistas na sua casa, aviso que ele também pode gerar transformações em você, de mil e uma maneiras, todas positivas.

Em busca de uma vida melhor *para todos*

Antes de seguir em frente, quero falar sobre algo que detesto e que acontece quando o termo *minimalismo* surge numa conversa. O que odeio é a noção equivocada que tanta gente demonstra ter sobre o minimalismo. Muita gente confunde isso com um *estilo* de decoração, como uma casa colonial, vitoriana ou praiana. Uma casa minimalista, para essas pessoas, é uma caixa branca quase vazia, onde, quando vemos um sofá ou uma cadeira, pode apostar que se trata de uma peça caríssima — embora nada garanta que seja confortável! Esse tipo de casa supostamente minimalista é para pessoas que não se preocupam com ambientes acolhedores ou confortáveis e que sem dúvida não têm filhos, animais de estimação ou hobbies. Esses ambientes podem ficar lindos nas páginas de revistas, mas quem gostaria de morar neles?

Criar uma casa minimalista não significa sacrificar seu estilo favorito (mesmo que seja um "estilo sem design" ou um "estilo frugal"). Na minha casa, por exemplo, o quarto principal ainda é decorado com o antigo conjunto de móveis dos avós da minha esposa. O estilo não é nada moderno, mas funciona para a gente. Minha esposa, Kim, nossos dois filhos e eu nos livramos de muita coisa quando transformamos nossa casa, mas não de tudo, porque não queríamos que todos os cômodos ficassem diferentes, em estilo ou aparência, de como eram antes.

O que geralmente conhecemos como arquitetura e decoração de interiores minimalistas funciona muito bem como estilo de design (se você gostar, claro), mas não é sobre isso que falamos aqui. Eu faço uma abordagem que envolve ter menos e que você pode pôr em prática independentemente do estilo da sua casa. Não tem nada a ver com manifestos artísticos nem adoração do vazio. Na verdade, tem a ver com transformar a sua casa para que você possa transformar a sua vida.

O minimalismo, no meu ponto de vista, não significa tirar algo de você, mas sim dar algo para você. Minha definição de minimalismo é a "promoção intencional das coisas que mais valorizamos e a remoção de tudo que nos distrai delas". Como costumo dizer, minimizar é *otimizar*: reduzir o número de itens que temos até chegarmos ao melhor nível para nós mesmos e para a nossa família. É algo individual, libertador e que melhora sua qualidade de vida. É uma transformação que você pode operar sozinho, na sua casa atual — basta se livrar de certas coisas.

Na minha luta contra as percepções equivocadas do que é minimalismo, às vezes me sinto o próprio Henry Ford tentando convencer as massas de que não era preciso ser rico para ter um automóvel. Porém, o que está disponível para todos hoje em dia — nesses tempos de afluência, em que às vezes é dito que alcançamos o "pico do consumo"[9] — é uma transformação radical e incrível das nossas casas graças ao minimalismo. Chegou a hora de lançar essa ideia. O minimalismo não serve apenas aos poucos que alcançaram uma aura espartana, mas a todos. Qualquer casa pode se beneficiar com uma redução cuidadosa e deliberada dos seus objetos.

E foi assim que escrevi *A casa minimalista*, pensando em todo mundo. Este livro é para você, não importa se é solteiro ou casado.

É para você, mesmo não tendo filhos, tendo um ou mais filhos em casa, ou tendo um ninho vazio que seus filhos e netos visitam de tempos em tempos.

Inspiração
REDEFININDO O NORMAL

Em 2012, meu filho de 12 anos me fez uma pergunta que me atingiu em cheio: "Por que temos tanta coisa? Sempre temos tanto para limpar."

Eu respondi: "Isso é normal. As pessoas costumam ter muitas coisas."

Vários dias se passaram. Meu filho estava sobrecarregado com tantas tarefas. Meu marido, que era militar, tinha sido destacado para uma missão, por isso meu filho teve que me ajudar a cuidar de suas irmãs mais novas.

Certo dia, ele pediu que eu entrasse no quarto dele, começou a me mostrar fotos de casas minimalistas no computador e me disse que, se um dia tivesse uma casa, ela seria minimalista... sem excessos nem nada exposto. Imagine tais palavras vindas da boca de uma criança de 12 anos!

Fiquei intrigada. Resolvi pesquisar e me deparei com *Becoming Minimalist*, que me levou a ficar mais atenta às coisas ao meu redor. Além do menino de 12 anos, eu tinha outras duas filhas pequenas, e me parecia impossível vivermos sem bagunça. Porém, lendo o blog, fiquei

> cada vez mais interessada em transformar minha mente e tudo ao meu redor.
> Bem, poucos anos e três transferências militares depois, minha vida e minha casa agora estão bem diferentes. Não é uma casa perfeita, mas nos livramos de *muita* coisa... Até perdemos a conta de quantas.
> Criar uma casa minimalista não é fácil, mas sem dúvida vale a pena. O minimalismo não é apenas viver com menos, mas viver de maneira significativa. Demorei um tempo para acreditar que menos é mais, mas já notei isso inúmeras vezes na minha vida.
> Nunca me esquecerei do dia em que meu filho me fez aquela pergunta.
>
> Michelle, Estados Unidos

Este livro é para quem tem um apartamento, uma casa, um duplex, um casarão, um chalé, um rancho, uma casa de fazenda, uma casa-barco ou um trailer.

É para quem mora nos Estados Unidos, na Austrália, na Inglaterra, no Japão, no Canadá, na África do Sul, no Brasil, em qualquer lugar, e que tenha uma casa lotada de coisas.

Não estou tentando transformar você em algo que você não é, nem num extremista. Você não precisa morar numa casa minúscula nem nutrir o desejo de vagar pelo mundo com uma mochila. (Eu e minha família não somos assim.) Este livro fala sobre transformar a *sua* casa, não importa onde ela esteja nem como seja. Após minimizar, talvez você queira se mudar para um lugar menor, mas ninguém precisa se mudar para desfrutar dos benefícios de uma casa minimalista. Você pode mudar o seu ambiente e a sua vida permanecendo onde está.

Você comprou ou alugou sua casa por algum motivo, certo? De alguma forma, você deve gostar dela, ou pelo menos de como imaginava que ela seria quando fosse sua. É bem provável que o acúmulo excessivo de coisas esteja afastando você do que queria ter. Sendo assim, vamos falar do seu "problema com as coisas". Ainda que decida fazer uma reforma ou redecorar a casa, e não apenas se livrar da bagunça, esse caminho será mais fácil após você ter minimizado.

Presenteie a si mesmo com a casa que sempre desejou ter. Aliás, ela já é sua! Está escondida embaixo de todas as coisas que você tem.

Não existe um lugar como esse

Eu cresci em Aberdeen, Dakota do Sul, onde o escritor L. Frank Baum passou um tempo da idade adulta. Por ter morado lá, logo cedo estudei sua obra mais famosa, *O Mágico de Oz*. Você com certeza conhece essa história. O livro foi um best-seller desde a primeira edição, no início do século XX. O filme de 1939, protagonizado por Judy Garland, é um dos mais vistos de todos os tempos. E qual é a fala mais conhecida da obra? Bata os calcanhares e diga: "Não há lugar melhor que o nosso lar."

Sei que nem todo mundo faz associações tão positivas com próprio lar. Para algumas pessoas, a casa é um lugar onde não se sentem seguras nem são encorajadas a crescer. Alguns têm vergonha ou não se sentem bem ao pensar em suas casas. Infelizmente, algumas pessoas nem casa têm.

Apesar disso tudo, quase todo mundo reconhece o conceito de casa como ideal de conforto e segurança, aceitação e pertencimento. Isso suscita um desejo dentro de nós, independentemente do local em que moramos estar próximo ou distante desse ideal. Ansiamos por tornar nossos lares melhores do que foram antes, para nós e para os demais integrantes da família. Não há lugar melhor que o nosso lar. É o local mais importante do planeta, o nosso quartel-general.

Claro, a parte mais importante de uma casa são as pessoas que moram nela, incluindo como se relacionam, o modo como passam o tempo juntos no mesmo ambiente e os sonhos que nutrem. Mas também é verdade que uma casa e o que ela contém podem afetar a qualidade de vida da família, positiva ou negativamente. Portanto, transformar a casa pode transformar as pessoas.

Pense nos seguintes benefícios de uma casa minimalista:

- *Uma casa minimizada é um lugar melhor para onde voltar*. Sem tanta bagunça, você vai descobrir que é dono de uma casa mais relaxante e menos estressante. Com menos coisas competindo pela sua atenção, você vai apreciar mais e fazer melhor uso do que tem. Será capaz de focar mais nas pessoas e atividades da casa que o fazem feliz. Sei que algumas pessoas temem que minimizar suas casas possa deixá-las frias e impessoais, mas eu garanto que, ao fazer isso, você se sentirá mais em casa do que nunca. Será um local para onde você vai querer voltar no fim de cada dia ou onde vai querer relaxar no fim de semana.
- *Uma casa minimizada é um lugar melhor de onde sair*. Após minimizar, você vai comprar menos coisas e gastar menos em reformas e manutenções, ficando com mais dinheiro na sua conta bancária (o que eu chamo de "dividendos minimalistas"), que poderá usar com outros propósitos. Ainda mais importante: por gastar menos tempo e energia limpando e cuidando do que tem, você terá mais tempo e energia para sonhar e planejar seu futuro. Com esses recursos extras, você estará mais preparado para mergulhar de cabeça no mundo, seja para um dia de trabalho, uma noite de diversão ou uma aventura capaz de mudar sua vida.

Percebeu como o conceito de casa pode ser dinâmico? Tem a ver com fluxo. Afinal de contas, o lar é um porto seguro onde se refugiar no meio de uma tempestade. No entanto, como disse John Shedd: "Um barco no porto é seguro, mas os barcos não foram construídos para isso."[10] Então, um lar também é um porto de partida quando estamos preparados para voltar a navegar pelos mares mais agitados da vida.

Os dois benefícios da casa minimalista (voltar para casa e sair dela) são importantes, mas o segundo me deixa mais animado. Não sei quanto a você, mas eu sempre prefiro o *significado* às *coisas*. Quero *contribuir* mais do que *consumir*.

Em *O Mágico de Oz*, Dorothy está desesperada para chegar em casa. E isso contribuiu para o sucesso do filme ao longo do tempo. No entanto, perceba que o tempo que ela passa longe de casa, na Terra de Oz, na verdade é mais animado, oferecendo uma experiência incrível que a faz crescer e ajudar outras pessoas pelo caminho. (Existe um motivo para, no filme, as cenas em Oz serem coloridas e, no Kansas, em preto e branco.) Para nós, fica a lição de que uma vida longe de casa pode ser assustadora, mas é repleta de potencial. E uma casa minimizada pode nos preparar para sairmos dela nos sentindo mais livres e eficientes. É isso que eu, Shannan e tantos outros minimalistas descobrimos dia após dia.

Ao fazer uma transformação minimalista na sua casa, você também poderá tomar um novo rumo, injetando propósito e potencial à sua vida. Por esse motivo, eu *tive* que escrever *A casa minimalista* para você.

O livro completo sobre como minimizar uma casa

Sempre que lanço meu curso on-line, que acontece três vezes ao ano, alguém inevitavelmente posta um comentário dizendo: "Quem precisa de um curso de minimalismo? Isso é moleza. Basta jogar fora tudo de que você não precisa!"

Eu fico chateado quando vejo um comentário desses. Sim, *existem* algumas pessoas (relativamente poucas) que diante da mera sugestão de que deveriam ter menos coisas são capazes de fazer o resto sozinhas. Porém, essa não é a realidade da maioria. Embora, sem dúvida, todos joguemos fora coisas inúteis de tempos em tempos, poucos têm experiência em uma mudança duradoura e consistente nas próprias casas. Pior: desde o nascimento, somos condicionados pela cultura em que vivemos a buscar cada vez mais e mais. Então, muita gente precisa ou quer um guia fácil para dar início ao processo de desatravancar suas casas. *Este livro é um guia para isso.* A promessa que eu faço é dizer que você vai encontrar aqui uma obra abrangente, prática e encorajadora.

Nestas páginas, reuni todos os meus ensinamentos fundamentais sobre minimalismo. Falando sobre todas as preocupações mais comuns, eu abordo a casa inteira (todos os cômodos que podemos encontrar numa casa típica) de maneira metódica. Além disso, incluí listas úteis, depoimentos inspiradores e tópicos especiais que ajudarão você a criar suas próprias estratégias para minimizar, além de outras ferramentas que poderá consultar sempre que quiser.

Portanto, se você deseja um único livro sobre minimalismo para fazer uma mudança duradoura na sua casa e na sua vida, este é o livro! Eu e minha esposa adoraríamos tê-lo lido quando nos preparávamos para a nossa própria jornada no minimalismo, há dez anos. Teria facilitado muito o processo. Fico animado só de pensar no que este livro fará por vocês.

Antes de seguir em frente, quero aproveitar o momento para parabenizar você por ter escolhido este livro e considerado a ideia de ter menos coisas. O minimalismo como movimento está ganhando popularidade no mundo inteiro, embora ainda faça parte da contracultura, remando contra o consumismo e o materialismo que não nos deixam em paz. Numa sociedade que vive pregando cada vez mais o acúmulo como a base da felicidade, ter menos requer propósito, coragem e perseverança. É preciso vencer sua inércia, fazer escolhas difíceis e estabelecer novas habilidades para minimizar e permanecer minimizado. Isso não é fácil, mas é uma das melhores decisões que alguém poderia tomar. Enquanto as pessoas que têm algo a nos vender promovem o consumismo, o minimalismo nos encoraja de um jeito suave, reorientando nossos objetivos em direção às coisas que realmente importam.

Se você está insatisfeito com o lugar onde mora, a notícia maravilhosa é que podemos criar a atmosfera que quisermos na casa que já temos — e ninguém precisa ser selecionado por um programa de TV para descobrir isso.

Espero que você já esteja pronto para se livrar dos excessos, limpar a bagunça, dizer não ao estresse e viver com menos, pois minimizar a sua casa não será bom apenas para você, mas também para a sua família. E devo dizer que será um sinal profético para o restante da sociedade, uma forma de elevar nossos valores a outro patamar.

Use este livro com entusiasmo. Compartilhe-o muito.

Para mim, é uma honra fazer parte da sua jornada.

Atividade recomendada: *Você vai aprender meu método de eliminação dos excessos em casa no próximo capítulo. Porém, se estiver tão animado que gostaria de já dar início ao processo, vá em frente! Faça uma ronda na sua casa, pegue as coisas mais fáceis de se livrar e desfrute de uma sensação imediata de vitória.*

2
O Método Becker

Aprenda a manter apenas as coisas que tenham um propósito alinhado aos seus objetivos de vida

Alguns anos atrás, eu e minha família escalamos na Dakota do Sul o pico Harney (recentemente renomeado pico Black Elk), que tem mais de dois mil metros de altura, a maior montanha a leste das Montanhas Rochosas. Éramos quinze pessoas, entre primos, sobrinhos e avós. Estávamos animados e preparados para completar juntos a trilha de quase 13 quilômetros.

No início, as crianças se saíram bem, percorrendo o caminho com entusiasmo. Mas a subida logo ficou mais íngreme, cheia de pedras, e elas foram perdendo o interesse. O clima, frio no começo, foi ficando desconfortavelmente quente. A trilha subia e descia, a paisagem exibia pouco mais do que pinheiros, e todos ficamos nos perguntando se chegaríamos a algum lugar.

Porém, quando as crianças pareciam a ponto de desistir, as árvores começaram a rarear e surgiu um lindo mirante. De lá, vimos o belo pico de granito da montanha (nosso destino) a distância. Tiramos fotos, descansamos um pouco e depois, com a energia renovada e determinados, retomamos a trilha.

Os objetivos nos moldam e nos modificam. Nossos propósitos determinam nossas ações e os esforços que devemos empregar para alcançá-los. Sabendo quais são nossos objetivos na vida, definimos nossas prioridades de acordo com eles. Se os mantivermos à vista, nos afastamos do perigo de fugir da rota.

Por isso, embora o método de minimização de casas que ensino seja muito prático, ele é fundamentalmente resoluto. Ele nos ajuda a alcançar nossos sonhos, anseios e desejos. Não tem a ver apenas com libertar-se da bagunça, mas também com libertar-se para uma vida melhor.

Uma casa minimizada nos alegra quando chegamos e nos inspira quando saímos... Mas *como* exatamente a sua casa será tão reconfortante para você e *por que* você precisa que ela seja um bom impulso em direção ao resto do mundo, isso é com você. Sejam lá quais forem os seus motivos para fazer uma transformação minimalista em casa, é importante que tenha objetivos claros: seu "topo da sua montanha". Em alguns momentos, o caminho será íngreme e cheio de pedras, e você vai se sentir desencorajado, com vontade de desistir, mas será importante se lembrar dos seus motivos para ter menos.

Nosso grupo de quinze pessoas chegou ao pico Harney. E você também pode alcançar seus objetivos de minimalismo. Aliás, da posição vantajosa do topo daquele pico, você pode enxergar objetivos ainda maiores para si mesmo.

São várias as maneiras para você começar a minimizar sua casa. Porém, se quiser um processo eficaz e meticuloso, que gere resultados duradouros e ofereça ganhos que transcendam a mera arrumação, este é o caminho a seguir.

O Método Becker

1. Tenha em mente objetivos para sua casa e sua vida ao começar a minimizar.
2. Tente tornar isso um projeto familiar, caso more com sua família.
3. Seja metódico:
   - Comece a praticar a minimização em espaços mais fáceis da casa, depois passe para os mais complicados.
   - Pegue cada objeto e pergunte a si mesmo: *Eu preciso disso?*
   - Para cada objeto, decida se o colocará em outro lugar da casa, deixará onde está ou se livrará dele. Caso queira se livrar, decida se o venderá, doará, jogará no lixo ou reciclará.

- Termine por completo cada espaço antes de passar para o seguinte.
- Não desista até que a casa esteja completamente pronta.

4. Sempre que possível, divirta-se no processo. Perceba e tire proveito dos ganhos que aparecerem ao longo do caminho. E festeje seus sucessos.

5. Quando acabar, volte aos seus objetivos e revise-os, buscando tirar o máximo proveito da sua casa recém-minimizada e da sua vida recém-otimizada.

Essa é a visão geral, uma estratégia comprovada para minimizar casas que qualquer um pode implementar e que tem propósitos. Vamos ver agora como colocar esse método em prática na sua casa.

Objetivos minimalistas

Quais são seus objetivos para sua casa?

Quais são seus objetivos para sua vida após ter minimizado sua casa?

Gaste um tempo pensando nesses objetivos. Converse sobre eles com seu marido ou esposa, ou com sua família. Você não precisa saber exatamente quais são neste momento (na verdade, você provavelmente não sabe), mas poderá dar um primeiro passo. Caso continue pensando nos objetivos, eles se tornarão mais claros ao longo do processo de minimizar. Ao mesmo tempo, esse minimalismo libera espaço físico na sua casa, e liberará "espaço mental" para que você reflita e desenvolva tais propósitos. Talvez você queira escrever um diário das suas descobertas e também uma lista de objetivos que desenvolverá ao longo do tempo.

Acho que a maioria das pessoas têm objetivos semelhantes para suas casas. Elas querem um lugar que exija menos tempo e dinheiro para ser mantido. Querem menos estresse e distração. Mais paz e espaço. Mais conforto e felicidade.

No entanto, algumas pessoas têm desejos mais individuais para suas casas. Por exemplo, já conheci artistas que desejavam ter casas menos bagunçadas para ajudar a expandir a criatividade. Algumas pessoas ligadas à ecologia usam o minimalismo para ajudá-las a gerar um impacto menos negativo no meio ambiente.

> Uma casa onde só há coisas que amamos e usamos será uma casa que amaremos usar.
> **#casaminimalista**

Após refletir sobre os objetivos que você nutre para a sua casa, é hora de avançar para os objetivos que almeja para a sua vida como um todo.

Espero que você já esteja se dando conta de que o minimalismo o presenteará com uma liberdade valiosa que poderá ser usada para projetos maiores na sua vida. E não vou permitir que você se esqueça disso! Por mais completa e prática que seja a abordagem deste livro sobre o processo de livrar sua casa da bagunça, ele trata de muito mais do que isso. Este é um livro sobre imaginar o que você pode alcançar na sua vida.

O minimalismo leva a questionamentos sobre valores, significados e missões na vida. De início, algumas decisões para se livrar das coisas e da bagunça são fáceis de tomar, mas logo percebemos que não saberemos o que manter até descobrirmos o que queremos fazer com o nosso tempo. Dessa forma, o minimalismo se torna uma lente através da qual enxergamos o mundo e a nós mesmos. Nós percebemos quanto nossa sociedade é consumista e enxergamos quanto nós mesmos estávamos seguindo essa mentalidade, que foca em ganhar e acumular, sem se preocupar com valores elevados. E pensamos em tudo que deixávamos para trás. Sonhos novos e antigos começam a tomar conta dos nossos corações.

No entanto, o processo de deixar seus objetivos de vida mais claros não estará concluído quando você terminar de minimizar a sua casa. Os objetivos podem mudar a cada fase da vida, seja por conta dos interesses e paixões inconstantes, das aquisições de novas habilidades e credenciais, das pessoas que entram e saem do nosso caminho, ou do nosso simples amadurecimento e reflexão. Você poderá reagir a condições em constante mutação e tirar o maior proveito das novas oportunidades quando não estiver limitado pelo excesso de pertences.

O minimalismo nos permite objetivos de vida de muitos tipos. Eles podem incluir itens de uma lista de desejos:
- viajar pelo mundo;
- correr uma maratona;
- mergulhar no mar vermelho;
- fazer a trilha dos apalaches;
- aprender francês e passar um verão em Paris.

Os objetivos proporcionados pelo minimalismo também podem incluir mudanças no estilo de vida:
- passar menos tempo no trabalho e mais tempo com os filhos;
- perder peso e se exercitar regularmente;
- pagar as dívidas;
- iniciar um trabalho de meia jornada;
- mudar-se para um apartamento que exija pouca manutenção e que você poderia deixar quando quisesse.

Além disso tudo, também existem os objetivos que considero mais recompensadores de todos: os que ajudam os outros.

Em *The More of Less*, conto a história de quando eu e minha esposa demos início a um projeto sem fins lucrativos. Trata-se do The Hope Effect, um orfanato alternativo que se inspira numa casa de família para cuidar das crianças (veja em HopeEffect.com). Para os órfãos também não existe lugar melhor que um lar, e eu fico feliz em poder dizer que o The Hope Effect opera em um número cada vez maior de países. Posso dizer, com sinceridade, que eu e Kim não teríamos como mudar a vida de jovens em lugares distantes se não houvéssemos minimizado nossa casa. É um propósito que não passava pela nossa cabeça quando demos início a essa jornada.

Se você tem tempo e meios para encarar o minimalismo, existem muitos caminhos, curtos e longos, para ajudar os outros:
- ensinar línguas a refugiados;

- criar e administrar fundos para doações;
- tirar um tempo no trabalho para trabalhar como voluntário;
- adotar uma criança;
- oferecer-se como voluntário no mesmo centro para o qual você doa os objetos que não usa.

Eu sei que, intimamente, você anseia por objetivos memoráveis, por viver uma vida mais gratificante e por usar seus talentos e seu tempo para fazer deste mundo um lugar melhor. E você terá acesso a tudo isso quando conseguir superar seu "problema com as coisas".

Se você se sente frustrado com a sua casa, é bem provável que grande parte dessa frustração resida numa falta de alinhamento entre o que você tem e seus objetivos. Você tem coisas que o distraem. Coisas que roubam o seu tempo. Coisas que absorvem os recursos que você poderia utilizar melhor em outro lugar. Sua casa o prende em vez de libertá-lo. Então faça alguma coisa! Livre-se de tudo que não o ajuda a perseguir seus objetivos com mais paixão e liberdade.

Mas não permita que isso se torne um fardo. Você não precisa agonizar, pensando no sentido da sua vida, sempre que tentar decidir se deve guardar uma espátula ou um par de meias. Às vezes, os objetos têm um impacto direto no futuro da pessoa, funcionando como um lembrete de um relacionamento passado que nos impede de seguir em frente. Porém, certas vezes, o impacto dos objetos é mais indireto. Simplesmente temos coisas em excesso. E precisamos decidir o que tem valor de verdade para nós, para então abrir o caminho que nos levará ao que queremos fazer com o resto de nossas vidas.

Tiramos o excesso de coisas das nossas casas para viver melhor a vida que desejamos. E, se moramos com nossa esposa ou marido e outros membros da família, eles também merecem uma vida melhor.

As conversas que precisamos ter

Eu ainda gargalho ao pensar na primeira conversa que tive com a minha mãe quando lhe contei que planejava me tornar minimalista.

"Ah, Joshua", disse ela. "Eu estava vendo o programa da Oprah e ela entrevistou alguns minimalistas. Sabia que eles não vão a supermercados e pegam os alimentos em caçambas de lixo?"

É óbvio que existem certas interpretações equivocadas sobre o minimalismo. Nem todo mundo sabe muito bem o que é nem está no mesmo ponto do processo que você. Portanto, se a sua intenção é minimizar sua casa inteira e você mora com outras pessoas, é importante conversar com elas sobre o valor de desentulhar e trabalhar com os demais moradores da sua casa nesse objetivo.

Recomendo que você faça uma reunião familiar. (Talvez seja preciso mais de uma. E tudo bem.) Explique, de maneira clara, o que é o minimalismo (*a remoção de coisas desnecessárias para que possamos viver a vida que queremos como família*). Explique por que você almeja uma casa minimalista, sobre o processo do minimalismo e sobre os benefícios que pretende alcançar com ele. Pensem em locais que poderiam aceitar doações suas. Abra espaço para perguntas e comentários. Talvez você prefira fazer uma reunião em movimento, caminhando pela casa com sua família para que possam ver a bagunça e começar a imaginar como aquele cômodo ficaria após retirarem o excesso.

O objetivo aqui não é criticar ninguém pela bagunça, mas começar a pensar de um jeito construtivo no processo que vem pela frente. Trata-se de compartilhar a visão de minimalismo e ajudar todos os membros da sua família a vislumbrarem a beleza que poderia surgir daí. Faça tudo direito e esse será um grande divisor de águas, com consequências que poderão influenciar as gerações futuras. Falando francamente, esse processo pode ser revolucionário para você e para a sua família!

Se você é casado, a pessoa mais importante da sua vida é seu cônjuge. E discordâncias quanto às decisões do que será jogado fora são inevitáveis. Porém, se puderem concordar sobre o projeto de minimizar sua casa, vocês terão praticamente garantido o sucesso da transformação minimalista.

Nessa conversa com sua esposa ou seu marido, você descobrirá o que o outro pensa sobre o minimalismo e quais barreiras poderá encontrar. Não espere entrar num acordo instantâneo nem perfeito sobre o minimalismo. Vocês dois devem levar o tempo que precisarem para imaginar um novo estilo de vida minimalista juntos. Encoraje seu cônjuge a ler este livro e conversar sobre ele com você.

Após ter passado por tudo isso, se ele continuar não aceitando *mesmo* o minimalismo, não se chateie. Não seja manipulador. E certamente não espere seu cônjuge sair de casa para começar a jogar fora coisas dele! Respeite o fato de que ele precisa de mais tempo para digerir essa nova abordagem. É possível que a ideia de minimizar esteja obrigando seu parceiro a lidar com um turbilhão de emoções internas, como algum fardo emocional do passado ou uma autocrítica tóxica. Não abale a relação tentando fazer com que ele ou ela engula o minimalismo à força.

> Inspiração
> ## CONVERTENDO CRIANÇAS
>
> Lá em casa, meus filhos reagiram de maneira diferente à minha intensa remoção das coisas de que não precisamos.
>
> Meu filho de 17 anos ficou nervoso com a ideia. Acho que ele imaginou que os obrigaríamos a morar numa caverna ou algo assim. Porém, pouco a pouco, ele está se acostumando à ideia.
>
> Minha filha de 15 anos adora guardar todas as quinquilharias e papéis que já teve na vida e ama comprar coisas novas sempre que pode. Todas as suas gavetas estavam saindo pelo ladrão. Esse processo foi mais difícil para ela, mas agora minha filha já nota os benefícios... embora ainda não seja capaz de articulá-los. Ela está enxergando uma mudança positiva na nossa casa. Por enquanto, ela mesma se impôs um limite de

> cinquenta peças de roupa e liberou muito espaço. Sem dúvida, está sendo um desafio para ela.
>
> Meu filho de 5 anos, de todos os irmãos, foi o que se mostrou mais animado. Após alguns meses observando o que fazíamos, com meu incentivo, ele pegou seus brinquedos e escolheu quais poderia doar a quem precisasse mais. Na verdade, ele acabou descartando dois terços das suas coisas. Bem mais do que poderíamos imaginar.
>
> Minimizar com a família nem sempre é fácil. Mas é importante. Nossos filhos vivem nos observando e aprendendo conosco. E, embora eu mal note os aprendizados no dia a dia, eles certamente acontecem.
>
> Acabamos de voltar de férias, e na viagem nos hospedamos nas casas de duas famílias diferentes. Sempre que as crianças abriam uma gaveta ou armário e notavam certa bagunça lá dentro, expressavam sua gratidão por estarmos tornando nossa casa mais arrumada e diziam: "É inacreditável que a gente vivia assim." Essa viagem me fez lembrar da importância do processo.
>
> Glenda, Austrália

Enquanto espera seu cônjuge aceitar a ideia de uma transformação minimalista na casa que vocês compartilham, comece minimizando suas próprias roupas e outros itens pessoais. Além disso, é possível que seu cônjuge deixe que você minimize certas partes da casa sozinho, desde que deixe outras intocadas por enquanto. Pelo que observei em vários casais na mesma situação, posso afirmar que é bem provável que seu exemplo abra os olhos do seu cônjuge aos benefícios de ter menos e faça com que ele ou ela embarque na mesma cruzada. Esperar isso acontecer pode minar sua paciência, mas se o relacionamento for preservado e seu cônjuge se tornar um parceiro no minimalismo, terá valido a pena.

Quando o assunto é envolver os filhos na transformação minimalista, a idade deles conta muito. O princípio básico é que, quanto mais velha a criança, menos direcionamento você deve oferecer sobre o que tirar de casa. Assim como foi com seu cônjuge, não gere ressentimentos tentando forçar o minimalismo em pré-adolescentes ou adolescentes. Continue explicando, encorajando e dando o exemplo. Negocie um número máximo de pertences, de forma que faça sentido para eles. E lembre: essa é uma oportunidade de transmitir aos seus filhos um novo valor de simplicidade que poderá beneficiá-los para o resto de suas vidas. Portanto, encare isso como uma chance de ajudá-los a amadurecer.

No meu livro *Clutterfree with Kids*,* eu pergunto como podemos ajudar nossos filhos a se libertarem do consumismo que nos é imposto pelo mundo. E digo:

> Chegamos a um ponto em que percebemos que temos mais para viver do que o mundo nos mostra. Admitimos que compramos de forma insensata o que o mundo nos vende... e que nossas vidas continuam vazias. O que temos não nos traz felicidade. O dinheiro não nos traz segurança. A popularidade e o poder não nos satisfazem... As respostas não estão numa vida que se adéqua aos padrões nada originais dos dias atuais. Nós sabemos que isso é verdade. E, de maneira desesperada, procuramos momentos para ensinar o que sabemos aos nossos filhos.[1]

Isso é importante. Talvez existam poucas coisas melhores que você possa fazer pelos seus filhos do que ensinar o minimalismo.

Quando seus filhos estiverem em consonância com você sobre o desejo de livrar-se da bagunça (ainda que continuem meio preocupados sobre como será o processo), aceite a ajuda deles e remova os excessos que existirem pela casa. Se as crianças tiverem idade suficiente, deixe que elas mesmas minimizem seus quartos. Você agradecerá a ajuda delas no futuro na hora de manter o minimalismo da casa e não levar tanta coisa para dentro, mantendo-a organizada. E elas ficarão gratas ao saber que

---

* Título não publicado no Brasil. Em tradução livre, *Sem bagunça com os filhos*. (N. E.)

o minimalismo facilitará suas tarefas domésticas, pois terão menos do que cuidar.

Tornar-se minimalista é difícil, e não importa se o trabalho é feito por você, pelo seu cônjuge ou pelos seus filhos. Portanto, quando os membros da sua família começarem a ajudar, leve a contribuição deles a sério. Seja generoso ao agradecer e tente fazer com que todos encorajem uns aos outros para seguirem em frente. Compartilhe com os demais o trabalho do minimalismo e os ganhos que ele nos traz.

Do mais fácil ao mais difícil

Junto aos demais membros da sua família, você está se comprometendo com a criação de uma casa minimalista, não de *parte* de uma casa minimalista. E vocês desfrutarão de todos os benefícios de viver com menos (e é mais provável que mantenham a ordem) se minimizarem todos os cômodos da casa. Mas com isso surge a questão de que ordem seguir ao atacar cada cômodo da sua casa.

A casa é sua. Você poderá minimizar na ordem que desejar. Porém, caso queira melhorar suas chances de alcançar o sucesso no minimalismo, eu gostaria de fazer uma recomendação: vá do mais fácil ao mais difícil. Comece com os cômodos mais fáceis de minimizar, depois siga para os mais difíceis. Trabalhar nos mais fáceis primeiro permite desenvolver suas habilidades no minimalismo e sua confiança ao longo do processo. E, como os cômodos mais fáceis também costumam ser os mais transitados, você e sua família logo poderão sentir os benefícios do seu trabalho. Minimize cada espaço por inteiro antes de passar para o seguinte. E não pare até terminar a casa inteira.

A ordem dos próximos oito capítulos revelará o que eu quero dizer quando recomendo ir *do mais fácil* ao *mais difícil*. Ataque os espaços da sua casa nesta ordem:

1º) a sala de estar e qualquer outra sala;
2º) seu próprio quarto e os demais quartos da casa;
3º) todos os guarda-roupas;

4º) os banheiros e a área de serviço;
5º) a cozinha e os locais onde fazem refeições;
6º) o escritório;
7º) os locais onde armazena coisas, incluindo quartos de brinquedos e oficinas ou espaços usados para trabalhos manuais;
8º) a garagem e o quintal/jardim.

É possível que você não tenha tantos espaços em casa. Talvez até tenha espaços que não mencionei. Mas essa lista cobre espaços que a maior parte das casas tem, e para grande parte das pessoas é o melhor esquema para progredir do mais fácil ao mais difícil. Planeje seu cronograma nessa ordem.

Aliás, se quiser encontrar instruções passo a passo para minimizar algum tipo específico de espaço, procure a estrela (★) indicando essa seção em cada capítulo.

Eu preciso disso?

Passando de um cômodo a outro quando for desatravancar sua casa, você terá de encarar tudo que acumulou ao longo dos anos e decidir o que manter e o que descartar. Sugiro pegar todos os itens com as mãos. Não basta olhar. Segure-o e pense no motivo de ter adquirido esse objeto, no que ele faz por você e se deveria continuar na sua casa. Então você chegará a uma pergunta simples: *Eu preciso disso?*

Se precisar, mantenha... e tudo bem. Se não precisar, deixe ir embora... e tudo bem também.

Na psicologia, o *efeito dotação* é nossa tendência de considerar um objeto mais importante do que realmente é porque o temos. Isso explica por que é tão difícil nos livrarmos das nossas coisas. Elas são *nossas*! Queremos mantê-las. Por isso, devemos afastá-las do falso valor que criamos para elas. A pergunta *Eu preciso disso?* nos ajuda a vencer a irracionalidade da acumulação excessiva.

Claro, nossas necessidades humanas são poucas: água, comida, abrigo e roupas. Mas é importante notar que estamos falando sobre mais do que a mera sobrevivência. A questão aqui é perceber nosso potencial máximo. É atingir níveis altíssimos. Por isso, quando perguntamos *Eu preciso disso?*, na verdade queremos dizer: *Isso me ajuda a atingir meu objetivo ou só me atrapalha na minha busca?* Essa pergunta nos permite decidir o que manter e o que descartar.

E tenha em mente que, para ser útil ao nosso potencial pessoal, um objeto nem sempre tem de ser estritamente utilitário, como um abridor de lata que é útil porque você precisa abrir latas.

A beleza também é necessária à condição humana. Talvez você tenha um jarro decorativo único, que comprou numa galeria. Você não precisa dele para sobreviver, mas ele aguça seus sentidos, oferecendo inspiração e otimismo sempre que o vê refletindo o sol. De certa maneira, sua alma precisa dele para se manter saudável e completa. Sendo assim, você deveria se livrar de outros objetos de decoração da sua sala, pois isso daria mais destaque ao seu querido jarro.

Da mesma maneira, você pode querer manter algo por ser a lembrança de um momento significativo. Se você herdou uma foto de casamento dos seus avós e ela desperta boas lembranças, não a jogue fora. Não recomendo que você mantenha tudo que herdou, mas pode manter os itens com mais significado. Ainda que se livre dos objetos que o desanimam ou entristecem, coloque os objetos especiais em pontos onde serão vistos. Dessa forma, o minimalismo poderá ajudá-lo a manter-se em conexão com gerações passadas de uma maneira mais eficaz do que apenas guardando esses objetos.

Para que algo seja necessário e o ajude a alcançar seu objetivo e seu potencial, deve ser útil, agradável ou significativo a ponto de você querer mantê-lo. Alguns objetos preenchem tal critério. Muitos outros, não. A realidade é que, com as nossas casas superlotadas de coisas, a maior parte do que temos não são "coisas nossas", não pertencem às nossas casas. Elas apenas nos distraem das coisas que importam. Você terá que tomar uma decisão sobre cada objeto da sua casa a fim de minimizá-la. Portanto, prepare-se.

Porém, entenda que muitas de suas decisões talvez não sejam tão simples como julgar se um objeto tem ou não valor para você. Seja lá qual for a combinação de função, estética e sentimento que um objeto da sua casa represente, podem surgir argumentos dos dois lados. Uns para mantê-lo e outros para livrar-se dele. Um mesmo item pode, *de certa forma*, ajudar você a viver uma vida com propósito e atravancar sua vida. Em vez de dizer um sim ou não imediato, talvez seja preciso colocar as alternativas em uma balança e pesá-las.

> Nunca organize o que você pode descartar.
> **#casaminimalista**

Eu acredito que, além do valor monetário que um objeto teve ao ser comprado, existe um "custo-bagunça", que se mede por quanto dinheiro, tempo, energia e espaço ele demanda de você. Esse "custo-bagunça" pode ou não ser maior do que o valor monetário, se pensarmos na sua utilidade, beleza ou significado. Em outras palavras, um objeto representa, ao mesmo tempo, um *fardo* e um *benefício*. Portanto, você terá de pesar os dois lados e colocá-los na balança.

Se for honesto quanto aos benefícios representados por um objeto que tem e o fardo que ele representa para você, acredito que chegará à conclusão de que muitas das suas coisas não são tão importantes a ponto de precisarem ser mantidas. Pergunte a si mesmo: *Eu preciso disso? De verdade?* E verá que não precisa se o fardo for maior que o benefício.

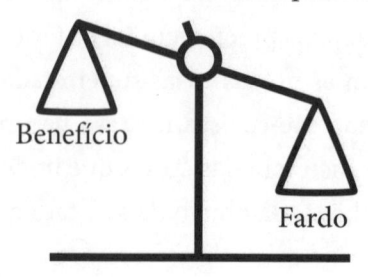

O famoso Princípio Pareto (cujo nome é emprestado de um economista) diz que, em muitas situações, cerca de 80% dos efeitos vêm de aproximadamente 20% das causas. Aplicado às nossas casas, esse princípio sugere que usamos 20% do que temos durante 80% do tempo. Isso não quer dizer que você deva se livrar de 80% do que tem em casa (embora eu conheça gente que fez isso... e até mais). Porém, sugere que, usando a necessidade como base para decidir o que manter, é possível que você se livre de *muita* coisa.

Não inicie sua transformação minimalista imaginando que se livrará de uma coisinha aqui e outra lá, mas sim que eliminará grandes quantidades e até conjuntos inteiros, se necessário. Por que não fazer isso, se não são coisas essenciais?

Um processo autoenergizante

Em 2008, quando comecei a minimizar minha casa, não demorei para reconhecer que minha vida começava a melhorar de formas significativas.

Com apenas dois dias de minimalismo, percebi o primeiro benefício. Eu estava me livrando das coisas (e não pretendia substituir nada por itens novos) e me dei conta de que ter menos coisas representava uma oportunidade financeira. Acumulando menos, gastaríamos menos dinheiro. Além disso, teríamos menos custos, pois teríamos menos o que guardar, manter, consertar e limpar.

Um dia depois, me ocorreu que minha nova vida poderia afetar meus filhos. Meu filho tinha 5 anos, e minha filha, 2, e eles absorviam dos pais valores sobre como viver e encontrar propósitos. O minimalismo mostrou aos meus filhos que os objetos pessoais não trazem felicidade, que a segurança está no caráter e que a busca por felicidade não significa uma busca por posses.

No dia seguinte (menos de 96 horas após meu início no minimalismo), percebi que estava ficando mais fácil encontrar as coisas em casa.

Nos dias e meses seguintes, notei que limpar a casa estava mais fácil... Que o processo me libertava dos erros do passado... Que minha casa e minha vida estavam se tornando mais tranquilas e menos estressantes... E que o minimalismo permitia que eu tivesse coisas de maior qualidade.

Eis a questão central: tais benefícios me impulsionaram a seguir em frente! Quanto mais eu notava e era capaz de enxergar como ter menos melhorava minha vida de maneira prática, mais eu desejava isso. O que começou como uma simples sensação de tranquilidade, sentado numa sala minimizada ou num carro livre de bagunça, tornou-se minha motivação para seguir em frente.

UM ACELERADOR MINIMALISTA: REMOVENDO DUPLICATAS

No começo de minha jornada no minimalismo, encontrei um artigo afirmando que só precisamos de duas toalhas: a que estamos usando e a que está lavando. E lembro que pensei: *Acho que esse autor tem razão, hein.*

Abri meu armário de toalhas e percebi que eu tinha ao menos vinte. As novas estavam na frente, as velhas, atrás, e encontrei até toalhas das crianças com formato de animais. E isso não incluía as toalhas que ficavam no banheiro de visitas, no andar de baixo, nem as de rosto e de lavabo, ou as de praia, que guardávamos em outro armário.

Éramos uma família de quatro pessoas. Então, é claro que precisávamos de mais do que duas toalhas no total. Mas o número ideal, sem dúvida, era inferior ao que tínhamos. Por isso, nos livramos de várias. Não *precisávamos* de todas aquelas toalhas.

Mais importante, comecei a notar que as duplicatas se aplicavam a muitas coisas: televisões, travesseiros, lençóis, calças jeans, sapatos, casacos, itens de limpeza, escovas, canecas de café, potes, panelas e frigideiras, grampeadores, tesouras, jogos, ferramentas... Em todas essas categorias tínhamos acumulado itens

> desnecessários, e remover os extras era uma maneira fácil de minimizar grande parte da nossa casa.
>
> Se quiser progredir minimizando qualquer cômodo que seja, identifique as duplicatas. Fique com seus itens preferidos, ou talvez com alguns dos favoritos, em cada categoria. Livre-se do resto. Será uma boa maneira de progredir... rápido.

Sem dúvida, você logo notará os resultados positivos de ter menos pertences assim que terminar o trabalho no primeiro cômodo da sua casa. Preste atenção nas vantagens. Reflita sobre elas. Converse sobre elas com um membro da sua família. Dessa forma, o próprio processo de minimizar dará energia para você seguir em frente, até ter atingido o objetivo de uma casa completamente livre de bagunça.

Não minimizamos por culpa, mas por conta dos nossos objetivos. É um processo positivo. Vamos desfrutar e tirar o máximo proveito dele.

E mais tarde, quando nos aproximarmos do fim, veremos como o processo nos levou a repensar e expandir nossos objetivos quanto ao que podemos fazer com o resto das nossas vidas. A transformação minimalista da nossa casa se torna uma transformação de nós mesmos quando deixamos que ela mude o nosso futuro.

Amiga dos pobres

Anya é uma enfermeira, esposa e mãe que minimizou sua casa no Havaí. Ela ficou muito feliz ao ver que o lar da sua família se tornou muito mais aberto e fácil de manter. No entanto, a transformação de sua casa rendeu muitos outros frutos. Ela me escreveu dizendo: "Perceber que o meu tempo não precisa ser gasto com meus pertences foi libertador. Eu me dei conta de que, tendo mais tempo livre, teria que definir quais eram as paixões da minha vida."

Para deixar bem claro, o minimalismo não *garante* que você encontrará mais significado e sentido na vida. Porém, quase sempre, ele abre seus olhos para tais questões e cria um contexto em que você poderá pensar melhor sobre elas. Foi o que aconteceu com Anya, e ela estava determinada a acertar.

"Enquanto eu me desapegava dos meus pertences", disse Anya, "notei estar bem mais inclinada a compartilhar meu tempo e dinheiro com os demais. Gastando menos com meus pertences, fui capaz de reduzir as horas no trabalho. Ao escapar daquele ambiente, pude pensar: *Que tipo de enfermeira eu seria se o dinheiro que ganho por hora trabalhada não importasse?*"

Para Anya, isso foi a redescoberta de um sonho que estava adormecido havia muito tempo.

Ao longo dos anos, ela pensava em como seria recompensador usar suas habilidades como enfermeira para cuidar de populações desatendidas em países estrangeiros. Mas esse pensamento era sempre deixado de lado. Ela tinha um trabalho, primeiro no Exército norte-americano, depois numa clínica particular. Tinha contas a pagar e coisas para fazer em casa. E o desejo de cuidar dos pobres permaneceu inalcançado, deixando uma vaga sensação de descontentamento em seu coração.

Mas tudo isso mudou como resultado de um trabalho de mudança de foco que surgiu com o processo de minimização.

No verão de 2017, Anya entrou para uma equipe que oferece ajuda médica a famílias pobres de Honduras por meio da ONG Friends of Barnabas. Em sua viagem como voluntária, ela passou por cinco comunidades diferentes, num ambulatório móvel. Sua equipe viu de tudo, de resfriados comuns a anomalias cardíacas, hipertensão e hipoglicemia. Eles atenderam mais de mil pacientes, encaminhando os casos mais sérios e cirúrgicos para uma unidade equipada que poderia tratá-los. Ela adorava a recepção calorosa e sorridente dos hondurenhos e ao mesmo tempo sentia seu coração tornando-se cada vez mais pleno.

Anya voltou de Honduras se sentindo uma nova mulher. "Quando cheguei em casa, abracei meu marido e meu filho com mais força", disse ela. "Além de tudo isso, enxerguei com outros olhos o morador de rua sedento por água gelada e comida num dia tórrido. Não me incomodei de oferecer dez minutos do meu tempo para ajudá-lo e dizer que alguém se importava com ele."

Hoje, Anya planeja fazer mais viagens como voluntária para ajudar os pobres. E ela recomenda a minimização a todos que quiserem ter relacionamentos melhores e uma vida com mais significado. "Remover o excesso nos permite ter o tempo e o foco de que precisamos para construir uma conexão afetuosa com as pessoas à nossa volta", disse ela. "Ninguém precisa ir ao exterior ou ter treinamento em alguma área médica para desfrutar dos benefícios do minimalismo. Isso pode começar na sua própria família e comunidade. Porém, se você se interessa por outros países e culturas, se desapegar dos seus pertences pode permitir que você se abra às oportunidades de explorar e servir livremente."

Eu não sei que sonho fervilha em sua mente. Ou talvez você não tenha um sonho hoje… Mas um dia terá. O minimalismo vai despertar uma paixão escondida, ao mesmo tempo que desenterrará o lar que sua casa deveria ser. Porém, seja lá qual for sua motivação, pense no minimalismo como o passo que você precisa dar para se livrar das barreiras que se impõem diante dos seus propósitos. Claro, para tomar a decisão de minimizar é preciso superar a inércia, as predisposições e a estagnação, mas o *momentum* que surge com esse processo poderá levá-lo a um mundo totalmente novo e para um patamar melhor na vida.

ESTÁ NA DÚVIDA? EXPERIMENTE

Às vezes, é fácil saber quando devemos nos livrar de algo na nossa casa. Outras vezes, nem tanto.

Essa frigideira elétrica… Você precisa dela ou não?

Essas sandálias azuis de que você gosta, mas que são muito parecidas com as pretas… Precisa delas ou não?

Para ajudá-lo a tomar as decisões mais complicadas ou resolver casos de divergências entre membros da família quanto à relevância de um objeto, tente viver sem ele durante um tempo. Costumo recomentar 29 dias. Só

> após esse período decida se ele é necessário ou supérfluo na sua casa. Eu chamo isso de *experimentação*.
>
> Após esse período de teste, se você notar que deseja o produto, pois ele teria sido útil em algum momento ou porque sentiu falta dele, talvez deva mantê-lo. Por outro lado, se estiver vivendo bem sem ele, vá em frente e livre-se do objeto. Seja lá como for, a experiência será um sucesso! E agora você já sabe disso.

Você consegue!

Agora que você já viu como minimizar pode transformar sua casa e sua vida, espero que esteja com vontade de virar a página deste livro e arregaçar as mangas. Mas repito: é *possível* que você ainda esteja reticente. Portanto, vamos dar uma olhada em mais uma questão importante antes de entrar no primeiro cômodo da casa. Talvez você não precise de um mirante para ajudá-lo a seguir a trilha que o levará ao topo — talvez precise de um empurrão para começar a trilha! Se esse for o caso, as ideias a seguir são para você.

Ao longo dos anos, ouvi todo tipo de justificativa para que as pessoas desistissem do minimalismo em suas casas:

- "Sempre fui bagunceiro, não vou mudar agora."
- "Esta casa é grande demais, e a gente acumula coisas há muito tempo. Eu nunca vou conseguir dar conta de tudo."
- "Entre meu trabalho, meu marido, meus filhos e as aulas de pilates duas vezes por semana, não tenho tempo para mais nada."
- "Estamos em meio a uma grande crise familiar, e isso está demandando toda a nossa atenção agora."
- "Já tentei me livrar do excesso, mas não durou muito. Por que seria diferente agora?"

Não considero nenhuma delas desculpas, pelo menos não normalmente. Existe alguma verdade em todas essas afirmações, e muitas vezes elas refletem sofrimento humano. Mas eu também sei que é possível seguir em frente e minimizar, mesmo tendo de enfrentar problemas como esses. Por quê? Porque já vi isso acontecer diversas vezes.

Heather: "Após meu sétimo filho chegar à nossa família, no meio de uma depressão pós-parto e sentindo que não seria capaz de dar conta de tudo que exigiam de mim, eu parecia ter perdido totalmente o controle. Eu arrumava as mesmas bagunças todos os dias e nunca me livrava dos excessos. Minha casa era o oposto da paz. Mas então ouvi falar do minimalismo. Isso mudou minha casa, minha saúde e meus relacionamentos. Perdi quase 15 quilos, assumi o controle da minha casa e tenho mais tempo para a minha família."

Mayda: "Sou professora aposentada e acumuladora por conta do ambiente em que fui criada. Desde a minha infância, meu pai sempre dizia: 'Não polua a Mãe Terra', 'Não desperdice, não deseje'. Portanto, eu nunca queria me desfazer de nada. Com todo aquele material escolar acumulado, após 34 anos dando aulas, as pilhas eram realmente enormes! Mas eu estou no caminho do minimalismo, deixando de me ver como a pessoa que é sempre obrigada a guardar tudo!"

Ali: "Sou mãe de dois filhos (um deles autista), divorciada pela segunda vez e sofro de uma doença autoimune e de uma ansiedade terrível. Fui forçada a vender nossa casa e nosso carro. Mesmo com o medo, o cansaço e os ataques de pânico, consegui me livrar de coisas acumuladas ao longo dos anos. Eu e meus filhos nos livramos de 80% do que tínhamos. Foi duro e cansativo, mas enfrentar tudo isso foi melhor do que não fazer nada. Aprendemos uma nova forma de vida... e foi um alívio. Meses mais tarde, quando nos mudamos para um apartamento de setenta metros quadrados, resolvemos nos livrar de mais coisas ainda. Nunca pensei que gostaria tanto de viver com poucas coisas, muito menos que isso fosse possível, mas se tornou uma realidade para nós. É possível para qualquer um!"

Se existe uma fórmula secreta para viver de forma simples e livre da desordem, é esta: *acredite que é possível e dê o próximo passo*. Faça isso e você vai se aproximar do pico da montanha.

Claro que o caminho para uma vida livre de bagunça requer certo tempo, mas impor um prazo exigente para si mesmo *não* é parte do Método Becker. Eu acredito ser importante fazer um progresso constante e manter o *momentum*, para não empacar. Não tem *ninguém* espiando para garantir que você terminará o processo em determinada data. Conquiste cômodo após cômodo no seu ritmo, e em algum momento você chegará ao fim. E será maravilhoso, não importa quando aconteça.

> Nem tudo que temos é um pertence.
> #casaminimalista

Você *pode* vencer sua desordem. Acredite. Dê um jeito na sua bagunça! Agora, vamos passear pelos espaços da sua casa. Quando estiver pronto para ler o próximo capítulo, sente-se na sua sala de estar... Porque esse será o primeiro cômodo a ser minimizado.

Atividade recomendada: *Ao minimizar sua casa cômodo a cômodo, faça fotos ou vídeos do antes e depois para mostrar o progresso aos seus amigos nas redes sociais (#casaminimalista). As respostas positivas que você receber deles o encorajarão a seguir em frente, e (quem sabe?) pode ser que você motive alguns amigos a fazerem a própria transformação minimalista.*

Parte II

Espaços

3
Cômodos "nossos"

Organizando a sala de estar e as demais salas

Eu estava do lado de fora da minha garagem na primeira vez que ouvi a palavra *minimalismo*, e como não hesito quando sei que algo é bom, pus em prática meu primeiro projeto de eliminar a bagunça ali mesmo: no carro estacionado à minha frente. Achei uma tarefa bem fácil. Embora houvesse muita coisa empilhada nos assentos, no chão e no porta-luvas, não havia muitas decisões difíceis a tomar. Eu sabia que não precisava mais daquele CD, daquele mapa nem daqueles brinquedos que ganhamos de brinde na lanchonete. Terminei rápido.

Não demorei para passar para a sala de estar, principalmente porque sabia que era outro espaço em que poderia ser bem-sucedido. Minha sala de estar estava cheia de coisas que não passaram no teste *Eu preciso disso?*: uma pilha de revistas, fileiras de DVDs, bugigangas que haviam sido deixadas nas mesinhas de canto, prateleiras com itens de decoração que não tinham nenhum significado específico e brinquedos empilhados aqui e acolá. Ainda assim, não era o lugar mais cheio da casa, não como as nossas gavetas da cozinha lotadas de coisas inúteis ou nossos closets assustadores repletos de caixas, por exemplo. Embora a arrumação da nossa sala de estar exigisse mais tempo e energia em termos de conteúdo do que a bagunça de um Corolla, ainda era um projeto que eu poderia concluir em algumas horas. E foi o que fiz.

Logo depois, me sentei cansado no sofá da sala que acabara de minimizar (pelo menos à primeira vista) e avaliei o meu trabalho. Eu me lembro muito bem desse momento, porque foi uma experiência estranha ver minha "nova" sala de estar. Com menos objetos obstruindo a visão ou exigindo minha atenção, tudo parecia mais sereno, mais tranquilo. Tinha dado muito trabalho, mas valera a pena. Comentei com minha esposa: "Parece que a energia é capaz de se mover mais livremente agora, com menos coisas bagunçando o cômodo."

Esse sentimento me motivou a criar uma atmosfera semelhante no meu quarto, no meu banheiro, no meu escritório e em toda a casa. Essa vitória importante me fez ganhar confiança e motivação para continuar.

Neste capítulo, começaremos a oferecer uma transformação minimalista em duas áreas fáceis de gerir: a sala de estar e sua prima menos formal, a *family room*, uma espécie de sala íntima da família (se você tiver uma). Sei que, de uma casa para outra, o tempo necessário para minimizar esses cômodos pode variar significativamente. Porém, para a maioria das pessoas, minimizar a sala de estar e a sala íntima representa uma meta fácil de realizar. Se você começar por aqui, conquistará uma vitória relativamente rápida *e* começará a construir seus "músculos" mentais e emocionais para se desfazer dos excessos.

Se você for uma daquelas pessoas que têm uma sala onde *tudo* fica amontoado (vejo muito isso em apartamentos pequenos), não tenha medo. O que vai aprender neste capítulo o ajudará a lidar com esses espaços pouco a pouco, até que tudo esteja organizado. A sala ainda é um ótimo lugar para você começar a criar o lar e a vida que deseja. E se existem montanhas de coisas nela... sua vitória será ainda mais saborosa. Você vai conseguir fazer muita coisa, e em um lugar importante.

Pensando bem, a sala é o local mais público da casa, certo? É o lugar em que podemos nos reunir com todas as pessoas queridas que vivem conosco. Na sala, é onde nos sentamos com nossos amigos para conversar, tomar um café ou assistir a um jogo na televisão. Se você é membro de um clube, de uma igreja ou um de grupo de vizinhos, é provável que se reúna numa sala. Ela é o cômodo "nosso". Por isso, ao minimizar sua sala, não é só você que aproveita os benefícios da minimização, seus convidados também usufruem deles.

Os relacionamentos são a "vida" do "corpo" que é uma casa. E você pode começar a aprimorar esses relacionamentos dando início à sua reforma minimalista no principal espaço de convivência da sua casa: a sala.

O QUE FAZER COM AS COISAS QUE VOCÊ DESCARTA

1. Doe
O Exército da Salvação e algumas ONGs retiram os objetos que você não quer mais e revendem por um preço baixo a pessoas que não podem comprar coisas novas. Ou talvez você conheça um lugar perto da sua casa (abrigo de sem-teto, programa de reassentamento de refugiados, clínica de mulheres que sofreram abuso ou o que quer que seja) que aceite doações. Você se sentirá bem em ajudar.

2. Venda
Fazer um bazar em casa ou vender on-line são possibilidades para os itens que você não quer mais mas que ainda têm valor. No entanto, seja realista quanto ao tempo que deve levar para vender esses objetos e quanto poderá conseguir com eles, para não ficar decepcionado. Se perceber que está vendendo por uma fração do custo original, não fique frustrado por causa disso. Use essa experiência como um lembrete de como muitas vezes é melhor não comprar algo no impulso.

3. Jogue fora ou recicle
Se algo não é bom para você e ninguém mais vai querer, decida se vai jogar no lixo ou mandar para a reciclagem. Por favor, recicle tudo que puder. O minimalismo não é apenas para seu benefício próprio, é também uma prática de gentileza com o meio ambiente e com as gerações futuras.

O que você quer fora dos seus espaços público-privados

A sala de estar é um espaço que quase toda casa tem. E cada vez mais casas hoje em dia têm uma grande sala que combina as funções de sala de estar e sala íntima.[1] Se o conceito da casa for de espaço aberto, essas salas podem se estender a outros cômodos, como a cozinha ou a sala de jantar. Mas não importa como seja, cada casa tem o seu jeito de acomodar as pessoas em encontros e reuniões.

Se você tem uma sala de estar separada, provavelmente é o local mais formal da sua casa, preparado não só para reunir as pessoas da sua família, mas também onde você, com muito orgulho, pode entreter seus convidados. Talvez tenha colocado seus melhores móveis nesse ambiente, pendurado seu quadro mais bonito na parede e aproveitado a chance para decorar o cômodo com bom gosto. Os sofás e as poltronas provavelmente têm o design perfeito para propiciar conversas. Talvez você tenha colocado objetos interessantes nas prateleiras para servir como assunto.

Inspiração
O ESPAÇO DE CONVIVÊNCIA

A grande sala em nossa casa era um espaço perdido. Nós queríamos que ela fosse exatamente o oposto, uma área onde as pessoas (tanto da família como de fora) se sentissem à vontade para se sentar, relaxar e conversar.

Nós minimizamos esse cômodo tendo em mente os jantares e reuniões com amigos e familiares. Por isso, mantivemos uma mesa e cadeiras, colocamos duas poltronas antigas junto à lareira e penduramos as obras de arte das nossas filhas na parede. Nada de TV. Era um espaço para conversar. Meu marido até começou a se referir à sala como "o espaço de convivência", para estimular ainda mais o objetivo que tínhamos em mente.

> E quer saber? Assim que começamos a mexer na sala com um propósito específico, ela começou a servir a ele.
>
> Assim que terminamos esse cômodo, houve um momento que nunca esquecerei. Duas das nossas filhas voltaram para casa depois de uma noite particularmente difícil. Exaustas, ambas se sentaram nas poltronas e começaram a conversar. Meu marido e eu nos entreolhamos, e o que, em uma típica sala de estar, seriam apenas alguns minutos de conversa, seguidos por muitas distrações, transformou-se no primeiro momento significativo naquele espaço. Pegamos lápis e papel e pensamos em formas para lidar com a situação delas.
>
> Ao longo dos anos, essa área simples e livre de excessos junto à lareira tornou-se o local mais sagrado da nossa casa. Quem precisar de alguma coisa sabe que, ao se sentar ali, terá alguém para conversar, jogar, chorar, planejar ou o que for. Eu realmente acredito que a simplicidade do espaço é o que contribui para a sua santidade. A remoção do desnecessário permitiu que as coisas mais importantes aparecessem.
>
> Jessica, Estados Unidos

Se você tem uma sala íntima, ela é semelhante em muitas maneiras à sua sala de estar, mas pode ser mais casual e confortável. Embora você possa levar seus convidados para esse espaço, ele é antes de tudo o lugar que os membros da família procuram quando querem se reunir. Na sala íntima, os sofás e as cadeiras são confortáveis, e você pode posicionar os assentos de forma que todos consigam ver televisão. Talvez você tenha fotos de família na parede, para se recordar das pessoas queridas e dos momentos felizes que passaram juntos. Talvez seja onde mantenha os jogos, quebra-cabeças e outras diversões que podem ser compartilhadas.

E era aqui que eu queria chegar: assim como você deve ter em mente os propósitos para a sua *casa como um todo*, deve pensar nos propósitos para *cada cômodo individualmente*, incluindo as salas — caso tenha mais de uma. Como está minimizando de maneira metódica, lembre-se dos propósitos de cada cômodo para decidir o que pertence a eles ou não. Sempre que algo em uma sala não cumprir seus objetivos, é um candidato à remoção. O propósito leva direto à prática.

Por exemplo, talvez você decida que sua sala de estar é formal demais. Não é um lugar confortável e raramente é usada. Então talvez comece a minimizá-la livrando-se de itens que fazem com que ela pareça muito sufocante. Talvez perceba que não precisa realmente de dez assentos ali. Você nunca recebe tantas pessoas ao mesmo tempo. Livre-se de um sofá e, de repente, sua conversa em grupo ficará mais íntima.

Talvez você tenha uma poltrona preferida. Fique nela um pouco e olhe ao redor, perguntando a si mesmo quais objetos melhoram a tranquilidade daquele cenário para você e quais não.

Talvez você precise tirar de lá um monte de brinquedos com os quais seus filhos não brincam mais porque já estão muito crescidos, deixando apenas os que eles ainda usam.

Talvez você não goste da quantidade de tempo que você e seus familiares estão gastando com dispositivos eletrônicos. Nesse caso, pode ser a hora de se livrar de um aparelho de televisão ou de um videogame.

Como esses cômodos são lugares utilizados por toda a família, é claro que você deve perguntar aos outros o que eles gostariam de manter ou descartar. *Converse* sobre suas estratégias de minimização da sala. Removam os itens *juntos*. Aproveitem os benefícios *juntos*. Essa é a maneira perfeita de estabelecer a transformação minimalista da sua casa como um projeto familiar, com todos aderindo e celebrando.

Se você mora sozinho, pode pedir a um amigo próximo que dê alguns conselhos sobre o que manter ou eliminar, um ponto de vista de alguém que frequenta a sua casa como convidado. O amigo ficará feliz em dar uma opinião. Além disso, você pode precisar de ajuda para arrastar a mobília!

Vista uma roupa confortável. Separe algumas caixas. É hora de começar a transformar sua casa.

> ## A FALÁCIA DA CONVENIÊNCIA
>
> Existem alguns espaços em nossos lares onde tendemos a deixar os objetos porque achamos que estarão à mão quando precisarmos deles. Estou falando de coisas desse tipo:
> • DVDs antigos dos nossos filmes favoritos empilhados em um móvel;
> • pequenos eletrodomésticos ocupando espaço na bancada da cozinha;
> • produtos de higiene pessoal na pia do banheiro;
> • material de escritório na escrivaninha;
> • ferramentas na bancada de trabalhos manuais.
>
> Ao deixar essas coisas nesses locais, parece que vamos poupar tempo quando precisarmos delas. Parece que estamos simplificando nossa vida.
>
> Eu chamo isso de falácia da conveniência.
>
> Pense nos CDs antigos que você deixou por anos em uma torre de CD, em sua sala. Claro, deixando-os por perto, você economiza alguns segundos quando quiser pegar um deles. Porém, nas outras 99,9% das vezes, eles criam uma distração visual. Como levaria muito pouco tempo para tirar os CDs de uma torre e colocá-lo de volta depois, não seria melhor mantê-los fora de vista?
>
> O mesmo vale para a maioria das coisas que deixamos aparentes por "conveniência" em casa, senão todas.

★ MINIMIZANDO SUA SALA — PASSO A PASSO

Enquanto passa por esses estágios e lida com cada objeto, questione-se: *Isto está alinhado aos meus propósitos? É tão útil que devo mantê-lo, tão bonito que não posso viver sem ou tão significativo que tenha que permanecer comigo?* Em outras palavras: *Eu preciso disso?* Sempre que a resposta for não, livre-se do item, e faça isso de bom grado. O espaço que você abrir será mais valioso do que o objeto que está removendo.

1. Coloque cada coisa no seu lugar

Em uma casa minimalista, cada item tem seu próprio "lar". Algumas coisas "vivem" na garagem, outras no porão, no armário do quarto ou em uma gaveta da cozinha. Quando sua casa está superlotada, encontrar "lares" para cada item pode ser difícil. Porém, quanto mais você minimizar, mais fácil será essa tarefa.

Portanto, ao minimizar a sua sala, comece realocando as coisas que não pertencem a ela, devolvendo-as aos lugares onde deveriam estar. Por exemplo, talvez os pratos precisem voltar para a cozinha. Ou algumas ferramentas largadas ali precisem voltar para a garagem.

Sei que isso ainda não é minimização. É uma reorganização. Mas é uma precursora da minimização, porque às vezes é mais fácil decidir o que manter e o que eliminar quando você vê uma categoria inteira de objetos em um só lugar.

Por outro lado, se você pegar algumas coisas que não pertencem à sala de estar e perceber imediatamente que não precisa delas, não espere. Vá em frente e coloque-as em uma caixa para jogar fora ou doar. Tire-as de sua casa por completo.

A energia está apenas começando a fluir!

2. Limpe as superfícies planas

Em seguida, comece pelos espaços abertos e planos, ou seja, prateleiras, estantes, mesas e coisas do gênero.

Acho interessante a forma como muitos de nós acumulamos os mesmos tipos de itens nessas superfícies. Vasos. Velas. Lembrancinhas. Enfeites. Fotos. Livros de arte. Coleções de bonecos. Individualmente, pode não haver nada errado com qualquer um desses objetos. Coletivamente, podem se tornar excessivos. É impressionante a rapidez com que eles começam a tirar nossa atenção e bagunçar um cômodo!

Não deixe essa tendência se manter na sua casa. Remova as bugigangas e os enfeites que não servem mais. Se achar que estabelecer uma meta pode ajudá-lo, tente remover 50%.

Manter apenas os itens mais significativos tornará mais fácil notá-los. (Falarei mais sobre isso em breve.)

3. Organize a estante da televisão

Avance para a estante da televisão, se tiver uma. Essas peças de mobiliário grandes também abrigam muitos itens pequenos de que não precisamos mais. Elas podem parecer confusas e difíceis de vasculhar quando procuramos algo específico (geralmente com pressa). Então resolva isso agora.

Remova os componentes eletrônicos antigos, cabos de que não precisa e discos e jogos que ninguém mais usará. Livre-se deles. (Por favor, recicle os eletrônicos de modo responsável. Verifique na sua região as orientações para reciclagem.) Em seguida, organize os aparelhos de um modo que ache bonito, escondendo os cabos o máximo possível.

Você pode ter DVDs, CDs e jogos de videogame que muitas vezes deixa visíveis para ficarem mais à mão. Mude esse pensamento. Em vez de deixar tudo à vista, guarde esses itens nos espaços ocultos que você criará na próxima etapa. Quanto mais os deixamos à vista, mais esses objetos se tornam uma distração e uma fonte de estresse.

4. Revise minuciosamente as áreas de armazenamento das salas

Alguns dos melhores locais para minimizar drasticamente a bagunça da sala são os ocultos: gabinetes, gavetas, armários e assim por diante. Um cômodo pode parecer arrumado quando esses pontos estão ocultos, mas *você* sabe quanta coisa está escondida lá. E é você que vai perder tempo sempre que tentar procurar coisas nesses compartimentos abarrotados. Portanto, seja implacável na limpeza dessas áreas.

Baralhos, caixas de fósforo, revistas antigas, objetos de decoração, bloquinhos de anotação, mantas — essas são apenas algumas das coisas que costumamos manter escondidas na sala porque "um dia podem ser úteis".

Mas será que vão ser úteis mesmo? Para muitas pessoas, os itens armazenados em compartimentos ocultos não são necessários há anos. Você talvez nem se lembre de onde vieram ou por que os comprou. Libere esse espaço removendo tudo de que não precisa. Você vai querer usá-lo para as coisas que valem a pena.

5. Remova móveis e outros itens grandes
Depois de remover coisas menores da sala, você vai ter uma noção melhor de quais peças maiores podem não ser mais necessárias e estão apenas atrapalhando. Quais são os maiores itens da sua sala? Uma planta artificial grande? Um pufe no qual tropeça toda hora? Uma cristaleira que herdou da sua avó, mas da qual nunca gostou de verdade? Uma poltrona de encosto alto em que quase ninguém se senta porque é muito desconfortável? Um conjunto de almofadas que todo mundo vive tirando do sofá?

Dependendo de quão grande seja o item, você pode precisar se planejar para se livrar dele, como agendar um caminhão para levá-lo a um local de doações. Tudo bem. Assim que puder, tire esses itens da sua sala! Você vai notar uma grande diferença imediatamente.

Coisas que contam sua história

Ao dar uma olhada na sala, pergunte-se: *Que cultura estou estabelecendo neste lugar? O que estou transmitindo para minha família e meus amigos?*

Valor do lar minimalista
UNIÃO

Quer uma boa notícia para melhorar o dia? Os pais estão passando mais tempo com seus filhos.

Acredite ou não, é verdade. Um estudo da Universidade da Califórnia mostrou que as mães, em média, passaram

> quase o dobro do tempo com seus filhos em 2012, em comparação com as mães de 1965 (104 minutos diários em 2012 *versus* 54 minutos diários em 1965). Enquanto isso, o tempo que os pais estão passando com seus filhos quase quadruplicou — uma média de 59 minutos por dia em 2012, em comparação com uma média de 16 minutos em 1965.² Eu adorei saber disso!
>
> Você não concorda que se trata de uma tendência que devemos continuar incentivando?
>
> Essa é uma das razões pelas quais é tão importante nos certificarmos de que essas partes das nossas casas onde as pessoas se reúnem tenham um aspecto acolhedor, funcionem bem e não exijam que gastemos mais tempo cuidando das nossas coisas do que interagindo com as pessoas das quais gostamos. A cozinha e os locais das refeições são espaços privilegiados onde as pessoas geralmente se reúnem, mas as salas são projetadas para unir todo mundo. E não apenas para unir pais e filhos, mas irmão com irmão e mãe com pai também. Na verdade, todos os moradores da casa, além dos convidados, vão se reunir nesses espaços.
>
> Para saber que somos amados e compreendidos, temos que conviver com as pessoas que amamos, tendo conversas intergeracionais e desfrutando de atividades compartilhadas. Em outras palavras, o tipo de interação que flui muito bem em uma sala tranquila e livre da desordem.

Esses cômodos dialogam com as pessoas que os frequentam de duas formas geralmente: por meio dos objetos que exibimos e das fotos e obras de arte que colocamos nas paredes.

Exibir itens nas prateleiras
Uma amiga minha tem uma estante de livros na sala de estar. Na última vez que a visitei, notei o seguinte nas suas quatro prateleiras: 36 livros, 11 estatuetas, 24 fotos, duas canecas de café, dez globos de neve (e nem

era inverno), vários arranjos de flores em vasos e algumas velas. Sim, eu realmente fiz um inventário — enquanto ela estava distraída.

Quando avaliei a estante, perguntei a mim mesmo: *Quais dessas coisas têm mais significado para ela? O que ela mais valoriza?* Eu não sabia responder ao olhar para a estante, já que estava repleta de coisas (*des*)importantes.

Um benefício do minimalismo é ser capaz de declarar visivelmente o que é importante para você. Avalie a sua sala outra vez. O que os itens restantes transmitem? Se um desconhecido entrasse, o que ele identificaria como mais importante para você? Isso é mais importante? Ou as coisas mais importantes da sua vida ficam ocultas pelo excesso de objetos muito menos significativos?

Quais valores sua família diria que a sala de estar, ou qualquer outra sala da casa, transmite? Seus itens de decoração contam uma história? Refletem uma cultura? E quanto à disposição dos móveis? Ela promove a interação familiar ou simplesmente direciona todos os olhos para a televisão? É isso que você quer?

Fotos nas paredes
Há alguns anos, decidimos que queríamos que nossa casa mostrasse melhor a nossa história. Nosso desejo era decorá-la de uma maneira que transmitisse claramente o que era mais importante para nós como família.

Por isso, removemos objetos velhos, bugigangas que só estavam acumulando poeira e qualquer item de decoração que tínhamos comprado apenas porque combinava com a cor do nosso sofá.

O que sobrou foram as peças mais importantes para nós: fotos da família e de nossos filhos em diferentes fases e idades, um quadro de Vermont que ganhamos de amigos, uma bela peça de arte que ganhamos no dia do nosso casamento e alguns itens que sempre foram importantes para minha esposa. Cada um dos nossos objetos de decoração conta uma história. Nossa casa e as fotos nas paredes mostram o que é mais importante para nós.

Percebo que os gostos pessoais nesse assunto variam muito. A arte de construir um lar sempre será diferente de pessoa para pessoa. E sei que penduramos bem menos fotos em nossas paredes do que a maioria das pessoas.

Mas, em geral, todos tendemos a pendurar os mesmos tipos de imagens nas paredes: as fotos de família. Emolduramos fotos de lugares que visitamos ou gostaríamos de visitar. Palavras inspiradoras sobre amor e riso e sobre viver a vida ao máximo. Moldamos imagens de uma vida cheia de quietude e descanso.

> Pergunte a si mesmo o que é realmente importante e, em seguida, tenha a coragem de organizar seu lar e sua vida em torno dessa resposta. #casaminimalista

Ninguém pendura imagens de uma vida apressada, ocupada e estressante. Ninguém exibe fotos de dinheiro. E ninguém decora sua casa com fotos de um dia comum no escritório. Em vez disso, em nossas paredes, celebramos a família, os amigos e a fé em um mundo melhor.

Porém, por algum motivo, saímos de casa para viver uma vida apressada e desesperada. Corremos de um compromisso para outro, na esperança de encontrar uma vida melhor por meio de ganhos materiais. E, a cada dia, acumulamos mais e mais ansiedade.

Enquanto isso, as fotos nas paredes nos convidam para algo melhor. Elas nos lembram de uma vida cheia de propósito, de significado. E estimulam que nos concentremos nas mesmas coisas que nos tornam humanos. Ou pelo menos deveriam.

Vamos escolher com consciência o que queremos transmitir com os itens de decoração nas nossas paredes e com a cultura que estabelecemos na nossa casa... começando pelo espaço em que passamos muito tempo juntos.

As pessoas primeiro

Se os relacionamentos são importantes na nossa vida (e são muito importantes), há algo especial, quase sagrado, nos principais espaços de convivência das nossas casas: as salas de estar. Elas são acolhedoras? Transmitem paz? São confortáveis? Facilitam as conexões entre as pessoas? Ajudam a nos tornarmos o tipo de pessoa que queremos ser? Se não, a minimização pode, quase milagrosamente, guiá-las de volta aos propósitos para os quais existem.

> Você não precisa de mais espaço. Precisa de menos coisas. #casaminimalista

    Eu disse que se livrar de objetos desnecessários permite que os itens que você conserva ganhem importância. Sua beleza, utilidade e originalidade serão apreciadas mais facilmente. Mas eu iria até mais longe, afirmando que as *pessoas* se destacam mais em uma casa minimizada do que em uma casa desordenada e superlotada. De alguma forma, podemos nos *ver* melhor quando não nos distraímos com as coisas. Somos atraídos uns pelos outros, ficando mais disponíveis uns para os outros.

    O nome "sala de estar", ou "*living room*" (que em inglês significa "sala viva"), diz muito sobre isso. A *vida* deve acontecer lá. A *família* deve ser formada lá. Portanto, minimize os espaços público-privados da sua casa e observe como o amor brota dentro deles.

Checklist da minimização

Como saber se você já se livrou o suficiente da bagunça e do excesso em sua sala de estar ou qualquer outra sala da casa? Faça a si mesmo estas perguntas:

☐ Este espaço é relaxante? Reduz o estresse?

- [ ] Estimula a conversa?
- [ ] É acolhedor para a minha família? Para os meus amigos?
- [ ] É fácil mantê-lo organizado?
- [ ] Destaca o que é importante para a nossa família?
- [ ] Estimula a minha família a viver a vida em sua plenitude?
- [ ] Demonstra os valores da nossa família?

4
Refúgio pessoal

Organizando os quartos e o quarto de hóspedes

Rachel Payne mora em Washington com o marido e as três filhas. Alguns anos atrás, o marido dela, Rico, um reservista da Força Aérea, foi enviado para uma missão de cinco meses na base de Travis, na Califórnia. Durante esse período, ele foi instalado em uma acomodação ao estilo de um quarto de hotel de longa permanência. Um espaço com uma cama, um sofazinho, um sofá grande, uma escrivaninha e uma pequena cozinha seria seu lar ao longo da missão.

Em casa com as crianças, Rachel achou que ouviria reclamações do marido sobre o novo lar dele. Afinal, moravam em uma casa espaçosa e confortável, com um amplo mobiliário. Porém, ela se surpreendeu com o que ouviu.

Durante os telefonemas noturnos, Rico comentava o quanto estava gostando, como se sentia incrivelmente focado, gastava pouco tempo limpando, mesmo tendo recusado o serviço de limpeza, e como ele não sentia falta de "todas as coisas empilhadas em casa". Ao longo dos meses, ele até começou a falar sobre fazer mudanças no lar — jogar tudo fora e recomeçar de acordo com sua relação com as posses materiais.

Rachel estava louca para visitá-lo assim que surgisse uma oportunidade para experimentar ela mesma esse novo ambiente, do qual ele não se cansava de falar. E a oportunidade surgiu algum tempo depois naquele ano, quando ela foi visitá-lo por uma semana.

No alojamento, Rachel viu com os próprios olhos a vida despreocupada que Rico descrevera para ela. "Ao longo daquela semana", me contou ela, "não planejamos muitas saídas típicas de férias. Só queríamos passar um tempo juntos, e foi exatamente isso que fizemos. Mal saímos do quarto, e eu gostei da atmosfera calma do ambiente. Li muito. E conversamos muito."

As palavras de Rachel ressoavam profundamente dentro de mim enquanto eu pedia mais detalhes sobre sua experiência e suas emoções. E ela resumiu assim: "Tive um gostinho do que a vida poderia ser com menos objetos na minha casa. Mal podia esperar para voltar. Eu queria que minha casa e meu ambiente se tornassem um santuário para descanso e concentração."

E foi exatamente isso que ela fez quando retornou. Começando com as roupas e o quarto, depois passando para outras partes da casa, Rachel se livrou de "uma tonelada de coisas". Ela e o marido continuaram a minimizar mais e mais com tempo. "Nós não queremos mais ficar sobrecarregados com coisas em excesso", disse ela.

Inspiração
UM EU MAIS CALMO E SAUDÁVEL

Uma das minhas colegas diz que me acha a pessoa mais ética que ela conhece, por eu estar sempre tentando salvar o meio ambiente. Porém, embora tente ser o mais ecologicamente responsável possível, eu ainda acumulava muito mais coisas do que precisava, sobretudo no quarto. Era assim até dois anos atrás, quando minimizei tudo no meu quarto. Hoje ele é muito mais tranquilo, um santuário.

Comecei removendo roupas e sapatos do armário. Mas meus esforços não terminaram aí. Tirei de lá maquiagem, livros, revistas, bugigangas, joias e até mesmo prateleiras e caixas. Por fim, também removi cômoda e cadeira, espelho de chão e estantes de livros. Toda vez que abria algum espaço, eu adorava a sensação e queria mais.

O interessante é que eu costumava demorar a ir para a cama. Eu não era necessariamente produtiva à noite;

> na verdade, era mais um desperdício: assistia à TV ou ficava enrolando pela casa até meia-noite. Mas quanto mais meu quarto se tornava minimizado, mais eu desejava estar nele, porque era muito relaxante para mim depois de dias duros no trabalho. Comecei a passar mais tempo à noite lendo livros no quarto, o que me levou a pegar no sono mais rápido e dormir mais profundamente.
>
> E a história não termina aí. Como eu estava dormindo mais, comecei a ter mais energia. Logo, quis me sentir mais em forma. Comecei a ir à academia e a fazer um programa de treino de força. Também comecei a ter uma alimentação mais saudável e a lidar com o estresse de forma mais positiva (com ioga ou caminhadas no parque).
>
> Além disso, em 2016, participei de uma corrida em prol de uma instituição que atende pacientes com Alzheimer. Isso é algo que antes eu nunca teria imaginado fazer, que dirá completar a corrida. Estou aprendendo coisas novas sobre mim mesma o tempo todo. O minimalismo para mim é uma jornada contínua, porque a vida também é assim.
>
> Nicola, Escócia

E pensar que tudo isso começou com uma semana em um quarto de hotel sem bagunça.

Um quarto de hotel pode não ser exatamente o modelo para os quartos da sua casa. Mas você também pode ter quartos mais tranquilos se conseguir se concentrar em se desfazer de objetos desnecessários. Um estudo conduzido pela psicóloga clínica Pamela Thacher descobriu que os acumuladores têm um sono pior do que as outras pessoas. E, mesmo entre indivíduos que não são acumuladores, quanto maior a bagunça, maior a probabilidade de terem um distúrbio do sono.[1] Isso confirma algo em que eu já acreditava havia muito tempo: o sono de qualidade em um ambiente livre de bagunça e excesso ajuda todos nós a recarregarmos as energias para que possamos sair e enfrentar um novo dia com coragem e vigor.

Nosso lar é um refúgio do mundo. Nosso quarto é um "refúgio dentro do refúgio". Vamos transformá-lo em um lugar melhor com a minimização.

Lembrando o propósito do seu quarto

O número médio de quartos em uma residência norte-americana atualmente é de 3,3. E esse número vem aumentando ao longo dos anos.[2] Tal aumento ocorreu mesmo com a queda significativa no número de famílias com crianças menores de 18 anos em casa nas últimas décadas — passou de cerca de 56% do total de famílias norte-americanas, em 1970, para cerca de 43% em 2015.[3]

Quantos quartos sua casa tem? Pense no espaço que ocupam. Minimize todos eles e você terá um grande percentual da sua casa já pronto!

Para começar, pense nos seus propósitos para esses espaços — exatamente como fizemos para as salas. O quarto principal é provavelmente para descanso e intimidade, embora você também possa usá-lo para ler ou estudar. Se você tem filhos, eles também precisam de lugares calmos para descansar, brincar, fazer lição de casa e dormir. Da mesma forma, se há um quarto de hóspedes, esse é um lugar que você pode oferecer aos seus convidados para que relaxem e tenham uma boa noite de sono, mesmo fora da própria casa.

Ao se concentrar em minimizar seus quartos, avalie os seus objetos e pergunte a si mesmo: *Então, precisamos deste item? Ele ajuda o quarto a realizar um de seus propósitos oferecendo alguma utilidade, beleza ou significado?*

Lembrar o objetivo do seu quarto não acabará automaticamente com a desordem, mas fornecerá uma estrutura para o processo de tomada de decisões. Por exemplo, no quarto principal, a televisão na sua cômoda contribui para o descanso e a intimidade ou atrapalha esses objetivos?

(Vamos abordar esse assunto com maior profundidade em breve.) A pilha de revistas ou livros no canto é útil para você? Será que aquela mesa de cabeceira bagunçada ou a penteadeira proporcionam calma e relaxamento?

Use o mesmo processo de avaliação para os quartos das crianças (se houver). No quarto do seu filho, há tantos brinquedos espalhados que ele não consegue encontrar aquele com o qual realmente quer brincar, podendo até mesmo tropeçar em coisas jogadas pelo chão e se machucar? Sua filha está com o mau hábito de ligar a TV do quarto enquanto estuda? Um projeto inacabado no quarto do seu filho adolescente o deixa angustiado e ansioso?

E há ainda o quarto de hóspedes. Você colocou algum móvel nesse cômodo não porque um hóspede precisará dele durante a noite, mas porque você não conseguia pensar em nenhum outro lugar onde deixá-lo? Você usa o closet do quarto de hóspedes para armazenar coisas que não cabem em outro lugar, mas de que "pode precisar" um dia? E, nesse caso, o excesso de coisas guardadas lá impede que seus convidados se sintam bem-vindos e valorizados?

★ MINIMIZANDO OS QUARTOS — PASSO A PASSO

Vou falar sobre o guarda-roupa no próximo capítulo, pois ele apresenta alguns desafios especiais. Neste momento, estamos aprendendo a minimizar tudo em um quarto, exceto o armário.

Ao atacar a bagunça do seu quarto, seja cuidadoso, metódico e se certifique de que tudo será feito.

1. Realoque as coisas que não pertencem ao local onde estão
Há itens no quarto que pertencem a outro lugar? Por exemplo, talvez uma pilha de documentos deva estar no seu escritório, e não no quarto principal. Ou alguns livros pertençam a uma prateleira na sala, não a uma mesa de cabeceira. Alguns brinquedos deveriam estar no porão, em vez de no

chão do quarto do seu filho. Coloque-os onde deveriam estar antes de se concentrar no que deve ficar no quarto.

2. Limpe o chão

Não deixe nada no chão, apenas os móveis (e vou desafiá-lo em alguns minutos). Pense além das roupas sujas. Considere também recipientes de armazenamento, pilhas de livros, equipamento de ginástica ou itens que foram colocados temporariamente em seus quartos, mas que já estejam lá por mais tempo que deveriam. Quais dessas coisas você pode jogar fora, doar ou vender?

À medida que esvaziar outros espaços nos quartos, como gavetas, você terá mais espaço para guardar algumas das coisas que estão sujando o chão da sua casa. Talvez seja necessário empilhar alguns itens temporariamente, até que o espaço fique disponível para eles.

3. Limpe as superfícies

Minimize itens em cima de cômodas, mesinhas de cabeceira e qualquer estante nos quartos. Isso pode incluir lembrancinhas, enfeites, artesanato, plantas, pilhas de papel e fotos. Você não precisa eliminar tudo dessas superfícies, é claro, mas é comum uma superfície plana se tornar um ímã para a desordem, então não economize no processo de remoção.

Guarde seus itens mais preciosos — os itens que ajudam você a relaxar ou trazem lembranças felizes. Remova da sua vista qualquer coisa que o distraia ou provoque ansiedade, arrependimento ou culpa.

4. Decida como usar armários e gavetas

Conheço pessoas que guardaram todas as roupas no armário e eliminaram a necessidade de uma cômoda. E conheço outras, sem espaço no armário, que escolhem guardar roupas nas gavetas da cômoda. Mas descobri que uma coisa é certa: quanto menos roupas você tem, mais opções tem para armazená-las de maneira organizada.

Se planeja usar gavetas, defina cada uma de suas finalidades. Na minha casa, mantenho uma gaveta para roupas íntimas e meias, uma para roupas de ginástica e uma para vestimentas mais quentes (principalmente suéteres). Tudo o resto eu coloco no guarda-roupa. Minha esposa tem uma estratégia semelhante.

5. Simplifique sua roupa de cama
Em algum lugar da sua casa, talvez em um armário de roupas de cama, você mantém um estoque de lençóis e cobertores. Coloque todos para fora e separe-os. Jogue fora tudo que está em mau estado ou não é mais usado.

Essa é uma oportunidade ideal para usar o acelerador do minimalismo na eliminação de duplicatas. Você realmente precisa de mais de dois jogos de lençóis por cama, um em uso e outro guardado ou na área de serviço? Nós temos apenas um jogo de roupa de cama para cada cama em nossa casa. Apenas lavamos e voltamos a utilizar no mesmo dia. Alguns cobertores extras podem ser úteis nas noites frias, mas se você acumulou mais do que sua família seria capaz de usar de uma só vez, os extras podem ir embora.

6. Reduza seus itens de decoração
No último capítulo escrevi sobre a importância de escolher sabiamente os itens de decoração que mantemos na nossa casa e nas nossas paredes. Estenda a mesma filosofia aos ambientes do quarto. Rejeite enfeites que estão lá só por combinarem com as cores de uma colcha; escolha, em vez disso, retratar imagens com significado que direcionem sua atenção para as coisas que importam. Você liberará espaço físico e ganhará mais foco.

7. Livre-se de mobília, se possível
Antes de sermos apresentados ao minimalismo, Kim e eu tínhamos cinco móveis em nosso quarto: uma cama, uma cômoda, duas mesinhas de cabeceira e um grande armário sobre o qual ficava nossa televisão. O armário estava lotado de roupas minhas, enquanto minha esposa guardava

as dela na cômoda. Nós também dividíamos o closet — as roupas dela do lado esquerdo, as minhas do lado direito. Quando começamos a nos livrar do excesso de coisas no nosso quarto, removemos muitos dos itens de vestuário do nosso closet, da cômoda e do armário. E também tiramos a televisão. Por causa dessas mudanças, sem qualquer incômodo, conseguimos remover o armário do quarto, criando instantaneamente um novo espaço no local.

Talvez você tenha uma peça de mobília (ou mais de uma) que possa remover do seu quarto ou de um dos quartos da casa. Nada terá um impacto tão grande na minimização de um quarto quanto a eliminação de móveis.

8. Faça melhor uso do espaço debaixo da cama
O problema da maioria dos espaços debaixo da cama é que eles rapidamente se tornam lugares para acumular mais e mais coisas desnecessárias. Nossos armários estão cheios, nossas gavetas estão lotadas... e o próximo espaço disponível é debaixo da cama. Então, esse espaço logo recebe inúmeros itens, aparentemente para que nunca mais sejam vistos por olhos humanos.

Vamos ser claros: *não* é disso que estou falando quando encorajo você a usar o espaço debaixo da cama. Estou falando de dar um propósito aos itens que mantém lá.

Eu uso esse espaço para armazenar itens úteis que não quero deixar à vista de todos. Sob o meu lado da cama, guardo os livros que estou lendo no momento. Isso os mantém ao alcance da mão, mas não deixa a bagunça em uma mesa de cabeceira. (Na verdade, não há mesa de cabeceira. Eu eliminei a minha. Foi a segunda mobília que descartamos no quarto principal.) Também guardo alguns documentos lá. Minha esposa mantêm algumas caixas com lembranças no lado dela. Vivemos em uma casa sem porão ou sótão, e usar esse espaço sob a cama é bem útil.

Repensando a TV do quarto

Como mencionei, minha esposa e eu nos livramos da televisão no quarto. Foi o maior passo que demos para melhorar o relaxamento e a intimidade. E, com base na nossa experiência, espero que você considere a possibilidade de tomar a mesma decisão.

A primeira e a última coisa que pensamos no dia realmente importam. Toda manhã começa com novas oportunidades. Seria sensato avaliar com cuidado se queremos que os produtores de televisão decidam quais pensamentos devem preencher nossas mentes enquanto começamos nosso dia. E a noite nos dá uma oportunidade valiosa de meditar e refletir sobre o que fizemos. Infelizmente, muitas pessoas sacrificam essa oportunidade por conta do entretenimento televisivo.

Valor do lar minimalista
DESCANSO

Considere os benefícios que o descanso oferece: um corpo mais saudável, menos estresse, relacionamentos mais profundos, oportunidade de avaliar os caminhos escolhidos, uma nova perspectiva sobre a vida, a criação de uma rotina equilibrada e até mesmo o aumento da produtividade.

Qualquer médico dirá que o descanso é essencial para a saúde física. Quando o corpo é privado de sono, ele é incapaz de se recuperar e de recarregar as energias adequadamente. Seu corpo precisa de descanso.

Qualquer atleta dirá que o descanso é essencial para o treinamento físico. O repouso é necessário para que os músculos se recuperem e evitem lesões. Isso é verdade tanto se você corre maratonas quanto se joga futebol ou faz escalada. Seus músculos exigem descanso.

Os grandes pensadores de ontem diziam que o descanso é essencial para um pensamento claro. Ovídio,

> o poeta romano, disse: "Descanse; um campo que descansou dá uma colheita abundante."[4] Sua mente requer descanso.
>
> A maioria dos líderes religiosos diz que o descanso é essencial para o bem-estar espiritual. Budismo, judaísmo, cristianismo, islamismo e Baha'i (entre outros) ensinam a importância de reservar um tempo para o descanso. Sua alma requer descanso.
>
> Muitos líderes corporativos dirão, da mesma forma, que o descanso é essencial no trabalho. O descanso aumenta a produtividade, reabastece a atenção, solidifica as memórias e estimula a criatividade.[5] Suas atividades no trabalho requerem descanso.
>
> Os sábios e instruídos nos dizem a mesma coisa: reserve um tempo para descansar.
>
> Uma casa minimalista é aquela que promove a paz, a serenidade, o relaxamento, a calma e o sono. Em outras palavras: descanso. E nenhum lugar na casa é mais necessário para descansar do que o quarto.

Não ter uma televisão no quarto também incentiva a dormir mais e melhor. Sabemos que os americanos, em média, assistem a incríveis 35,5 horas de televisão por semana, e isso nos mostra como é difícil desligar a TV em qualquer momento do dia, inclusive na hora de dormir.[6] A televisão no quarto não só nos mantém acordados até mais tarde, mas também atrapalha nossos ciclos de sono.[7]

Sem televisão no quarto, você e seu cônjuge terão mais conversas, algumas das mais importantes do seu dia. Em seu livro *Two in a Bed*,* o cientista social Paul Rosenblatt disse: "A hora de dormir não tem a ver apenas com o sono. Trata-se de renovar e manter o relacionamento do casal. Pode ser o único momento em que os parceiros se dão conta do que acontece com o outro, planejam, tomam decisões, lidam com desentendimentos, resolvem problemas e fornecem informações necessárias."[8] Esse

---

* Título não publicado no Brasil. Em tradução livre, *Duas pessoas em uma cama*. (N. E.)

tipo de contato na hora de dormir fica comprometido quando a televisão está ligada.

De acordo com alguns estudos, os casais com TV no quarto têm metade das relações sexuais daqueles que não têm.[9] Por quê? Provavelmente porque há mais de um milhão de coisas mais estimulantes para uma mulher do que um homem assistindo aos gols da rodada.

Na minha opinião, a oportunidade para momentos mais íntimos é motivo suficiente para se livrar de uma TV no quarto. Mas, se não for, aqui estão ainda mais benefícios que descobrimos ao eliminar a televisão do quarto:

- menos uso de eletricidade;
- menos espaço ocupado no cômodo;
- mais tempo para ler;
- menos distração ao se preparar de manhã;
- um exemplo melhor para nossos filhos.

Ainda não está convencido de que deva se livrar da TV no quarto? Experimente ficar sem ela por 29 dias. Desconectar a televisão e mudá-la para um outro cômodo levará menos de cinco minutos. É algo provisório. Você não tem nada a perder, mas talvez muito a ganhar.

Perspectivas para minimizar quartos de crianças

Os quartos das crianças podem ser alguns dos locais mais complicados de minimizar em casa. Não complicados em termos físicos, mas por causa das relações.

As crianças podem se beneficiar tanto do minimalismo quanto os adultos, talvez até mais, porque elas têm mais tempo para usufruir das recompensas dos bons hábitos, já que crescerão com eles desde pequenas. Você pode imaginar voltar no tempo e levar sua vida sem comprar todas as coisas das quais está se livrando hoje? Você pode não ter como voltar e começar de novo, mas seus filhos podem começar do jeito certo!

No entanto, como pais, não queremos forçar comportamentos em nossos filhos de tal forma que eles se ressintam, possivelmente contribuindo para uma reação pior do que a bagunça do quarto. Queremos que eles se sintam em casa em seus quartos, mas, ao mesmo tempo, esperamos que eles escolham incorporar a simplicidade em seus padrões de vida e na forma como decoram seus quartos.

É complicado, mas não é impossível navegar com sucesso entre os riscos quando se trata de minimizar os quartos das crianças.

Primeiro, minimize o seu próprio quarto
Com as crianças, o minimalismo é mais absorvido do que ensinado. Como pais, precisamos dar o exemplo removendo itens desnecessários e nos recusando a comprar coisas novas que desperdiçam dinheiro e bagunçam a casa. Isso significa, entre outras coisas, que você deve organizar primeiro o quarto principal, permitindo que seus filhos saibam que você está disposto a eliminar um monte das próprias coisas.

Se fizer isso, terá mais credibilidade quando sugerir que eles também minimizem seus quartos.

Lembre que o quarto de uma criança é o "lar" dela
As crianças não apenas dormem nos quartos. Elas mantêm brinquedos e jogos lá e convidam amigos para jogar. Elas montam "looks", experimentando roupas e maquiagem diferentes. Fazem projetos ou cultivam hobbies. Leem e estudam. Podem ter um computador lá. Gostam de levar animais de estimação para o local. De certa forma, seus filhos reproduzem muitas das funções adultas da casa no quartos deles.

Portanto, antecipe diversas decisões de minimização. Afirme os interesses e gostos deles que estão em desenvolvimento, bem como o conforto que eles têm em seus próprios espaços privados. Apenas se certifique de mostrar a eles que manter menos coisas no quarto fará com que sejam "lares" melhores para eles, onde poderão ter ainda mais espaço para descobrir quem são.

Use fronteiras físicas para definir limites sem silenciar a independência
Fronteiras é o meu termo para qualquer limite, físico ou numérico, colocado na posse de alguma categoria de objetos. Fronteiras dão às crianças limites concretos, ao mesmo tempo que as deixam decidir como preencher o espaço. Por exemplo, dizemos à nossa filha, Alexa, que ela pode guardar o material de arte que quiser, desde que caiba dentro de uma caixa que lhe demos. Ela tem total controle sobre quais itens permanecem e quais itens vão embora. Outros limites possíveis para os quartos de crianças incluem uma caixa de papelão para brinquedos, uma prateleira de bichos de pelúcia ou um projeto de artesanato esquecido em algum momento.

Encare a televisão do quarto como o que ela é: uma ameaça ao bem-estar de seu filho
Tão importante quanto se livrar da TV do quarto principal é fazer o mesmo no quarto das crianças.

O jovem americano passa aproximadamente novecentas horas na escola a cada ano — e cerca de 1.200 horas por ano vendo TV! A televisão está relacionada a menos horas de sono, a um pior desempenho acadêmico e a taxas mais altas de obesidade.[10] Portanto, se seu filho está entre os 70% de crianças de 8 a 18 anos que têm um aparelho de TV no quarto ou que assistem à televisão em um tablet ou em um computador no quarto, você deve pelo menos definir um limite em relação ao seu uso. Mas provavelmente é ainda melhor se livrar completamente da televisão no cômodo.

Bons sonhos

Espero que você mergulhe de cabeça na minimização dos quartos da sua casa com entusiasmo, porque os benefícios são enormes e a tarefa pode ser realizada com sucesso. Você já conhece os princípios e as etapas necessárias para realizar o trabalho. Antes de deixar esse espaço, porém, quero voltar ao propósito mais básico de todos os quartos: dormir.

Nós não estamos fazendo isso o suficiente.

> ## QUANTAS HORAS VOCÊ DEVERIA ESTAR DORMINDO?
>
> Abaixo estão as horas de sono recomendadas para os diferentes grupos etários, de acordo com a National Sleep Foundation, fundação que se dedica a melhorar a saúde e o bem-estar das pessoas com uma cultura do sono adequada.[11]
> Recém-nascidos (0 a 3 meses): 14 a 17 horas por dia
> Bebês (4 a 11 meses): 12 a 15 horas por dia
> Crianças (1 a 2 anos): 11 a 14 horas por dia
> Crianças em idade pré-escolar (3 a 5 anos): 10 a 13 horas por dia
> Crianças em idade escolar (6 a 13 anos): 9 a 11 horas por dia
> Adolescentes (14 a 17 anos): 8 a 10 horas por dia
> Adultos mais jovens (18 a 25 anos): 7 a 9 horas por dia
> Adultos (26 a 64 anos): 7 a 9 horas por dia
> Idosos (maiores de 65 anos): 7 a 8 horas por dia

Quarenta por cento dos americanos dormem menos do que a quantidade recomendada, em comparação com apenas 11% das pessoas que eram privadas de sono nos anos 1940.[12] Segundo pesquisas, quase 30% dos adultos relatam uma média de menos de seis horas de sono por dia. E apenas 31% dos estudantes do ensino médio relatam ter dormido pelo menos oito horas nas noites durante o período escolar.[13] Entre as crianças, a pesquisa relaciona a perda de sono com fadiga, mau humor, dificuldades na atenção, problemas de memória, problemas acadêmicos e obesidade.[14]

O problema da falta de sono hoje é semelhante em muitos países. O país onde as pessoas estão dormindo menos? Japão.[15]

> Um benefício subestimado do minimalismo é a capacidade de caminhar com confiança pelo seu quarto com as luzes apagadas.
> **#casaminimalista**

Nosso mundo não é bom em promover a virtude do descanso. Na verdade, nós acreditamos tolamente que estamos melhorando nosso bem-estar ao deixar de dormir e de descansar por causa de uma vida atribulada.

Não é fácil descansar. Embora a sociedade moderna goste de atalhos — abdominais de quinze minutos, refeições de trinta minutos e fotos reveladas em uma hora —, não há atalhos ou soluções rápidas para um descanso de qualidade. Ele deve ser inserido deliberadamente na nossa vida e precisa que seu ciclo seja completado no devido tempo. Isso requer paciência e planejamento.

Um quarto organizado distrai menos e é mais relaxante, promovendo um sono mais longo e de mais qualidade. E uma pessoa que acorda descansada tem mais bom humor, energia e concentração para aproveitar ao máximo o dia.

Checklist da minimização

Como saber se você já se livrou o suficiente da bagunça e do excesso em seus quartos? Faça a si mesmo estas perguntas:

Em relação ao quarto principal...
- ☐ Este espaço incentiva a intimidade com meu cônjuge?
- ☐ Eu consigo descansar bem aqui?

☐ Este é um espaço onde gosto de me recolher à noite e acordar de manhã?

Em relação ao quarto das crianças...
☐ As crianças ficam confortáveis no quarto durante o dia?
☐ Elas estão dormindo o suficiente à noite?

Em relação ao quarto de hóspedes...
☐ Há espaço suficiente para acomodar confortavelmente todos os pertences que meus hóspedes trazem?
☐ O espaço é relaxante e revigorante para eles?

5
Icônico

Organizando o guarda-roupa
e o armário da entrada

Com apenas uma palavra, Alice Gregory, escritora que mora em Nova York, mudou minha visão sobre roupas e sobre quando mantê-las no armário. Ao escrever para a J. Crew, alguns anos atrás, Alice compartilhou a decisão de simplificar seu vestuário a um estilo único e específico, que ela usa todos os dias: uma camiseta preta de manga comprida e um jeans de qualidade. Ela chamou isso de seu "uniforme". Mas *uniforme* não foi a palavra que me fisgou.

Entre as razões para se vestir desse jeito, ela concluiu que ter um look simples, que seja a sua marca, é uma forma "icônica, barata e fácil de se sentir famosa". *Icônica*. É isso. A roupa minimalista pode se transformar em uma assinatura pessoal clássica e memorável.

Alice argumentou que usar uma roupa semelhante dia após dia era uma forma de estabelecer seu status como protagonista em sua vida. "É por isso que os personagens de livros ilustrados nunca mudam de roupa. As crianças (assim como os adultos, embora poucos admitam isso) almejam continuidade." Então, além da facilidade de não ter mais que criar um novo visual todo dia, você tem o conforto de se sentir como si mesmo o tempo todo.

Outra razão para usar um guarda-roupa icônico e simplificado é que isso permite que você não seja arrastado pelo turbilhão da moda, que está em constante movimento. *Isso está ultrapassado? Eu deveria comprar uma dessas? Fiquei bem com essa roupa?* Você pode esquecer essas preocupações, porque, como disse Gregory, "ninguém pensa que uma pessoa que usa a mesma coisa todo dia está fora de moda. Pelo contrário, essa classificação simplesmente não se aplica".[1]

Nós, é claro, vivemos em um mundo que promove uma relação oposta com as roupas. O mantra atual é: "Mais é melhor. A moda atual é superior. E, se você não se mantiver atento aos últimos estilos e cores, todo mundo vai reparar." Essa é a mensagem que recebemos dos anúncios, das vitrines e da televisão quase todo dia.

A atitude prevalente na moda é francamente tola. É como Henry David Thoreau disse tempos atrás: "Toda geração ri da moda antiga, mas segue religiosamente a nova."[2] Na maioria dos casos, é o clássico, não as peças e cores da moda, que vence o teste do tempo.

Em seus últimos anos de vida, Albert Einstein costumava usar o mesmo terno. Steve Jobs vestia uma blusa preta de gola alta, jeans e tênis. Mark Zuckerberg gosta de usar camisetas cinza. A reputação deles certamente não foi afetada por escolhas de vestuário mais simples.

Sim, são todos homens. Mas seria diferente para as mulheres?

Evidentemente, não. Alice Gregory está indo bem com seu guarda-roupa icônico. Assim como ela, Matilda Kahl, diretora de arte de uma das principais agências de publicidade de Nova York, usa o mesmo tipo de roupa todo dia e diz que isso simplifica sua rotina pela manhã e ao mesmo tempo a deixa em pé de igualdade com seus colegas homens.[3]

Minha querida amiga Courtney Carver minimizou seu guarda-roupa para uma cápsula de 33 itens. Ela usou esse mesmo número de peças durante meses e me disse recentemente: "Ninguém notou. Apesar de eu trabalhar numa revista de moda *e* minha história ter aparecido diversas vezes na mídia, ninguém disse nada sobre isso."

Não estou pedindo que você use as mesmas coisas todos os dias. Nem que se livre dos jeans que ficam perfeitos em você ou do vestido que ama usar quando sai para dançar. Só estou sugerindo que reduza radicalmente a quantidade de roupas em seu armário (no seu, no dos seus filhos, de todos). E isso não vai fazer apenas com que sua casa seja mais bonita e eficiente, também fará você se sentir mais à vontade.

Um armário melhor

Se tem a tendência de comprar roupas de mais, as provas ficam bem diante de você sempre que abre o armário, com cabides tão cheios que fica difícil separá-los, pilhas de sapatos no chão e suéteres ameaçando cair das prateleiras ou gavetas. E veja o armário dos seus filhos: quantas roupas eles têm lá e quantos outros itens, como brinquedos e jogos?

Se você mora em um lugar frio, vejamos onde deixa os casacos. É um lugar que o deixaria confortável para guardar o casaco de um convidado — que estaria observando seu armário? Ou o espaço está constrangedoramente abarrotado de casacos, botas, chapéus, luvas e cachecóis da sua família?

Sei que, nesses programas de reforma que vemos na TV, uma das maiores reclamações sobre as casas é que os armários são muito pequenos. Há uma razão para que casas mais antigas tenham armários menores do que as atuais: as pessoas costumavam ficar satisfeitas com menos roupas. Então, a resposta é comprar uma casa com armários maiores ou reduzir o número de roupas para que caibam no espaço que já temos? Se você está pensando em arranjar armários maiores, talvez precise repensar a quantidade de roupas que tem — do dia para a noite, seus armários parecerão maiores.

Nos Estados Unidos, hoje, o espaço dos closets nas casas novas ocupa em média 13 metros quadrados.[4] Embora as pessoas costumassem ficar satisfeitas com armários fechados, agora existe uma demanda por grandes closets, abertos, e a maioria dos compradores de casas pagaria um extra para consegui-los.[5] Algumas pessoas têm closets do tamanho de uma casa inteira de regiões pobres. E para acharem as roupas que querem nos seus closets gigantescos, algumas recorrem à instalação de sistemas de organização caríssimos.

Não estou tentando culpar você por ter armários grandes. Só estou sugerindo que talvez não precisemos de mais roupas ou de mais espaço nos armários. Talvez o espaço na nossa casa (grande ou pequeno) seja suficiente se apenas reduzirmos a quantidade de roupas a um número mais razoável. Se decidirmos nos mudar para uma casa menor, com armários menores, não haverá qualquer problema.

Pense em como sua vida será diferente quando você tiver menos roupas:

- Você terá mais tempo para viver a vida. Menos roupas significa menos tempo se arrumando. Também significa menos tempo se embolando em pilhas de suéteres, movendo cabides cheios de roupas ou experimentando diferentes pares de sapatos para encontrar o ideal.
- As manhãs serão menos estressantes. Não só se arrumar para sair vai se tornar mais fácil e exigir menos tempo, mas a ansiedade de olhar para dentro de um armário cheio e se perguntar quais roupas você deve escolher será eliminada... assim como encarar todas as roupas que você se culpa por ter comprado, mas nunca usou, ou que gostaria que coubessem em você, mas não são do seu tamanho há muito tempo.
- Fazer as malas para viajar a trabalho ou de férias vai levar menos tempo.
- As roupas em si vão ficar mais conservadas. Um armário organizado diminui a probabilidade de ter que empilhar sapatos, de que a poeira se acumule nas roupas e elas se amarrotem.
- À medida que você mantiver seu guarda-roupa minimizado, comprar menos roupas resultará em ter mais renda disponível. Mesmo comprando roupas mais caras no futuro, é possível que você consiga poupar mais.

Mude a forma como lida com as roupas. Tente ter menos peças. Ao contrário do que costuma ouvir por aí, você não precisa comprar nem ter muitas roupas.

Inspiração
ORDEM DENTRO DO GUARDA-ROUPA

Meus armários costumavam ser caóticos. As coisas ficavam espalhadas por toda parte. Eu colocava as roupas onde desse — enfiava na minha cômoda ou empilhava em vez de pendurar. Nunca conseguia encontrar o que estava procurando. E, quando encontrava, quase sempre tinha que passar novamente, porque tinha espremido as peças no armário ou na cômoda.

Eu pensava que, se simplesmente fechasse as portas do guarda-roupa, poderia fingir que estava tudo bem. Mas toda vez que abria me lembrava de que não estava. O espaço físico refletia meu caos mental, ou talvez estivesse contribuindo para isso. De qualquer maneira, eu sabia que precisava de uma mudança.

Minimizei meu armário no ano passado. Peguei alguns sacos pretos e comecei em um canto do armário. Classifiquei minhas roupas em pilhas de *sim*, *não* e *talvez*. Os itens *sim* ficaram. Os itens *não* foram embora. E quando terminei decidi doar toda a minha pilha de *talvez* para a caridade. Depois que tomei impulso para me livrar das coisas, continuei. Quanto mais me livrava do excesso, mais decidida eu ficava.

É inacreditável como o processo afetou meu humor de todas as manhãs e noites. Gasto muito menos tempo limpando, e minha penteadeira está livre. Isso significa que posso de fato me sentar na frente dela e me arrumar tranquilamente. Agora também tenho uma poltrona vazia para colocar as roupas que usarei no dia seguinte, o que torna as decisões matinais mais fáceis.

Menos tempo me estressando com roupas e usando o ferro de passar me permite ter um tempo extra pela manhã, que agora posso gastar lendo, meditando ou tomando café da manhã com mais calma. É bom ter espaço (tanto físico quanto mental) para centrar meu dia antes mesmo de começá-lo.

Selina, Inglaterra

Quem diz que precisamos mudar a moda, afinal?

Alguns meses após começar minha jornada de minimalismo, uma manchete chamou minha atenção: "As dez melhores cores que definem uma época de mudança." De acordo com o artigo, "a paleta do outono pode ser descrita como uma época de mudança, e é definida por tons ricos e elegantes que oferecem uma seleção vibrante. Os estilistas de Nova York enfatizam os azuis, verdes e roxos mais frescos nos cinco primeiros tons usados em suas coleções, seguidos por variações de vermelho quente, laranja e amarelo."[6]

Então me perguntei: *Quem decide quais serão as cores essenciais para o outono?* Quer dizer, existe algum comitê, em algum lugar, que toma esse tipo de decisão? Um grande número de pessoas é atraído pelas mesmas cores ao mesmo tempo, ao acaso? Ou há algo mais acontecendo aqui? Isso é um esforço orquestrado?

E me ocorreu que, se estivesse comandando a indústria da moda, seria útil mudar as cores e os estilos a cada estação. Dessa forma, as pessoas teriam que comprar roupas novas para acompanhar as tendências, o que resultaria em mais dinheiro fluindo para o meu setor. Todas as partes da cadeia de suprimentos se beneficiariam: designers, fabricantes, varejistas e qualquer outra pessoa que ganhe a vida vendendo roupas.

Isso é o que acontece. Se a indústria não nos dissesse intencionalmente que nossas roupas antigas estão fora de moda, é provável que deixaríamos de comprar os produtos fabricados por ela. Afinal, já temos roupas suficientes no armário que podem durar algum tempo.

A indústria de vestuário dos Estados Unidos fatura 12 bilhões de dólares, e a família norte-americana gasta em média 1.700 dólares em roupas anualmente.[7] Isso representa 3,5% das despesas de uma família (sem dúvida, não é muito), mas o importante é pensar se esse dinheiro é gasto por necessidade ou se é desperdício. A resposta é, em grande parte:

desperdício. Os americanos jogam fora 13 milhões de toneladas de têxteis por ano, representando 9% do total de resíduos não reciclados.⁸

Mas nem sempre foi assim. Nosso apetite por roupas está aumentando consideravelmente. Segundo a *Forbes*, "em 1930, a mulher americana média tinha nove modelitos. Em 2015, esse número estava em trinta, um para cada dia do mês."⁹ A mesma tendência está ocorrendo na Grã-Bretanha, onde em 2006 "as mulheres compraram duas vezes mais roupas do que dez anos antes".¹⁰ O *Daily Mail* afirma que a mulher britânica média tem no armário 22 itens que ela nunca usará mas se recusa a jogar fora.¹¹

Entre outras inconveniências, a prática de comprar roupas em excesso é cara. Cerca de metade das mulheres dos Estados Unidos têm entre mil e cinco mil dólares em roupas e sapatos nos seus armários. A revista de moda que divulgou esses números também disse: "Um percentual felizardo de 9% relata ter roupas e acessórios que totalizam mais de dez mil dólares."¹² Felizardo? Bem, é uma maneira de ver a questão. Essas mesmas mulheres também têm mais de dez mil dólares em suas contas bancárias.

> Se precisa ter coisas bonitas para impressionar seus amigos, você tem os amigos errados.
> **#casaminimalista**

Um estudo revelou que "as mulheres pensam em moda 91 vezes em um dia" — isso é mais do que quatro vezes a quantidade de vezes que os homens pensam em sexo.¹³

Não quero pegar no pé das mulheres. Os homens também dão valor demais à moda e também têm roupas em excesso. (Eu que o diga, porque quando me tornei minimalista me livrei de um número constrangedor de peças.) Gravatas com mais de uma década, quando não são do século anterior. Ternos que só poderiam ser usados em tipos muito específicos de reuniões de negócios. Sapatos para mais ocasiões do que jamais teremos. Os homens podem ser acumuladores de roupas tanto quanto as mulheres.

Então tenho que perguntar: todas essas roupas compradas e guardadas beneficiam nossas vidas de alguma forma?

Em seu famoso livro *O paradoxo da escolha*, Barry Schwartz argumentou que não. Ele disse: "Liberdade e autonomia são fundamentais para nosso bem-estar, e a escolha é fundamental para a liberdade e a autonomia. No entanto, embora os norte-americanos modernos tenham mais escolha do que qualquer grupo de pessoas jamais teve (e assim, presumidamente, mais liberdade e autonomia), não parecem se beneficiar disso no âmbito psicológico."[14] Sua teoria, reproduzida ao longo do livro e em estudos, é que ter mais escolhas não significa uma vida melhor.

Conforme as opções aumentam, também aumenta a paralisia da decisão. Já olhou para um armário cheio de roupas e continuou sem ideia do que vestir? À medida que as opções aumentam, cresce também a sensação de perplexidade e frustração. Além disso, uma abundância de opções resulta em menos satisfação, e às vezes em decisões piores.

Por tudo que nos disseram até hoje, pode parecer que ter mais roupas em nossos armários levaria a uma vida mais feliz. Porém, do ponto de vista psicológico e científico, simplesmente não é o caso. Na verdade, ter mais escolhas leva a menos felicidade. É o paradoxo da escolha. Sem mencionar a infindável frustração de ter que acompanhar as tendências em constante mudança.

Talvez ganhar muito dinheiro torne os líderes da indústria da moda felizes. Mas comprar quantidades excessivas de seus produtos não faz o mesmo por nós.

Andar com os garotos populares

Às vezes, a razão para comprarmos mais roupas do que precisamos não tem a ver com fatores externos. Às vezes, a razão é interna.

No ensino médio, eu jogava tênis e minha aula favorita era contabilidade. Descobri muito cedo que o time de tênis não era convidado para muitas festas. Nem os contadores, infelizmente.

Por outro lado, meu irmão gêmeo era um astro do time de futebol, do time de basquete e da equipe de atletismo, e sua vida social refletia esse status. Ele era uma figura popular em festas das quais eu nunca participei.

Eu tinha muito tempo livre, sentado sozinho em casa, ansioso pelo dia em que ser um dos garotos populares não fosse algo importante. Alguns dias, acho que ainda estou esperando por isso. E aparentemente não sou o único.

Certa vez, fui a uma loja de roupas com minha esposa porque precisava de uma calça nova. Eu não era o único nos provadores. Na verdade, nem o único que estava pedindo a opinião da minha esposa. Quando saí de um dos provadores usando uma calça cáqui, notei uma cliente jovem conversando com ela.

A mulher disse: "Você acha que essa blusa fica bem em mim? Acho que parece um pouco sem forma."

"É mesmo. Parece um pouco sem forma em você", respondeu minha esposa.

A jovem continuou: "Pois é. Mas todo mundo está usando esse modelo agora. Para ser sincera, eu gosto de usar apenas camisetas e jeans. Não sei mesmo o que fazer."

Na minha opinião, a resposta era simples: não importa o que todo mundo está vestindo. Compre o tipo de roupa que você prefere. Gaste seu dinheiro em algo de que realmente precise, não nas tendências alardeadas pelas revistas... Especialmente se você não se sente bem com elas.

Mas eu sei que nem sempre é tão fácil.

A atração pela conformidade pode ser forte. O desejo de se encaixar na cultura popular é grande às vezes, assim como o desejo de impressionar os outros com nossas roupas. E não importa a nossa idade, o desejo de andar com os garotos populares pode permanecer vivo.

Mas acredito que, dentro de cada um de nós, existe um desejo ainda mais forte, o desejo de sermos nós mesmos, de abraçar as coisas que amamos, desfrutamos e que nos tornam únicos. Uma das melhores decisões que podemos tomar é rejeitar as expectativas culturais que mudam ao sabor do vento... e aceitar o fato de que não precisamos andar com os garotos populares para sermos felizes.

Podemos escolher ser nós mesmos. Nossas roupas podem ser um reflexo disso.

★ MINIMIZANDO AS ROUPAS EM SEUS ARMÁRIOS — PASSO A PASSO

Se você pretende reduzir suas roupas a um "uniforme" ou apenas tentar "podar" seu armário para ter mais eficiência, chegou a hora de ficar frente a frente com seu guarda-roupa lotado. Prepare-se para se perguntar sobre o conteúdo dele: *Eu realmente preciso disso?*

1. Considere remover itens que não são roupas
Às vezes, seja por conveniência ou por acidente, coisas que não são roupas se acumulam em nossos armários. Brinquedos espalhados pelo chão do armário de uma criança. Um álbum de casamento descansando em uma prateleira do armário do quarto principal.

Ter outras coisas além de roupas em seus armários é bom... se é isso que você quer. Mas dê uma olhada no que você tem nos armários e veja se alguns itens, como brinquedos ou equipamentos esportivos, podem ser mais bem armazenados em outras partes da casa.

Assim como fez antes, realoque esses itens. Agora você está pronto para atacar a parte principal: suas roupas.

CRIANDO UM ANTIEFEITO DIDEROT

Com o nome de um filósofo francês do século XVIII, o *efeito Diderot* descreve a tendência de uma compra levar à outra. Dá para perceber as consequências desse efeito em muitos lugares da casa. Primeiro um cachorro,

> depois um monte de suprimentos para cães. Primeiro uma vara de pescar, depois caixas cheias de equipamento de pesca.
>
> Talvez o lugar de nossas casas onde mais claramente vemos o efeito Diderot operando seja em nossos guarda-roupas, já que as compras de roupas levam a outras compras de roupas ou acessórios. "Vou precisar de sapatos para combinar com esse terno." "Preciso muito de um colar novo para combinar com essa blusa nova." É quase um reflexo... uma compra leva à outra.
>
> O minimalismo nos permite reverter essa tendência. Se você reduzir o número de roupas e mantiver menos cores e estilos, isso diminuirá automaticamente o número de acessórios que combinam com seu estilo. Reduza os acessórios, e isso o ajudará a se livrar das roupas que precisam dos acessórios que você descartou.

2. Defina uma meta para a redução de roupas

Você quer se desfazer de um quarto das suas roupas? Talvez de um terço?

De acordo com a National Association of Productivity and Organizing Professionals, dos Estados Unidos, que ajuda pessoas e instituições a se organizarem melhor, a maioria dos indivíduos usa 20% das roupas que tem em 80% do tempo (o Princípio de Pareto em ação).[15] Você não precisa se livrar de 80% das suas roupas na primeira vez que avaliar seu armário, mas, sabendo dessa estatística, com certeza poderia se livrar de muitas, não?

3. Categorize suas roupas e comece a se livrar das coisas

Nossos guarda-roupas geralmente são compostos por três tipos de peças:
- as que amamos usar;
- as que nunca usamos;
- as de que gostamos e que usamos ocasionalmente.

Observe o estilo e a cor das roupas que você naturalmente tende a pegar no armário. Essas devem ser as roupas com as quais se sente mais confortável e confiante, certo? Então comece a criar seu estilo icônico em torno dessas peças.

Por outro lado, se uma peça de roupa do seu armário não lhe couber mais, se você não gostar dela ou não se lembrar da última vez que a vestiu, não hesite: livre-se dela. Não estou dizendo que você não poderia se ver com ela em algum momento, mas se não a estiver usando *de fato* é improvável que a use muito no futuro, e não há sentido em mantê-la.

Isso nos leva a peças questionáveis em seu armário, aquelas que você raramente usa, mas não tem certeza de que está pronto para descartar. Quero dizer uma coisa: provavelmente seria melhor se você se livrasse da maioria dessas roupas, mas sei que pode ser difícil decidir. Por isso, para ajudá-lo a descobrir quais manter e quais descartar, faça este divertido experimento:

Vire todos os cabides do seu armário com o gancho voltado para você. Quando devolver uma peça de roupa que usou a um cabide, coloque-o de volta com o gancho ao contrário, para que você saiba que usou essa peça. Após um tempo, retire todas as peças de roupa dos cabides que ainda estejam apontando para você. Considere o período de um ou dois meses como um bom prazo para revisar as roupas da estação atual. Passado esse tempo, reinicie o experimento no começo de uma nova estação. Essas são as roupas que você não usa desde que começou a experiência. Acho que você realmente não precisa delas, certo?

Por outro lado, eu desencorajaria fortemente que você se livrasse das roupas do seu cônjuge sem permissão. As preferências de roupa são muito pessoais. Minimize o seu próprio lado do armário e deixe que seu cônjuge decida do que se livrar.

O mesmo conselho vale para crianças mais velhas. Incentive os adolescentes a minimizar seus armários, mas deixe que eles mesmos façam as escolhas. Elogie-os quando escolherem jogar fora o que for desnecessário.

Com crianças mais novas, você pode orientar mais. Crie um limite de roupas. Por exemplo: "Você pode ter quantas roupas couberem confortavelmente neste cabideiro", ou "Vamos escolher dez coisas do seu armário que você quer doar hoje".

4. Mantenha apenas um tamanho de roupa: o seu tamanho atual
Se você engordou, deve manter as roupas antigas e menores como motivação para perder peso?

Courtney Carver diz: "Manter vários tamanhos pode parecer uma rede de segurança, mas também pode ser uma dolorosa lembrança de como se sente em sua própria pele. Não há provas de que tamanhos menores estimulem a perder peso, e o estresse de tentar emagrecer pode contribuir para aumentar o peso. Mantenha um único tamanho em seu armário,… e faça caminhadas usando o tempo extra que vai ganhar pela manhã levando menos tempo para decidir o que vestir."[16]

5. Reduza seus acessórios
Não são apenas as roupas que precisam ser retiradas dos armários. Há também os chapéus, sapatos, cintos, bolsas, gravatas, lenços, luvas, joias e outros itens que você usa. Nós tendemos a acumular muitos acessórios, sobretudo porque vários deles foram presentes. Com o tempo, nossos acessórios podem deixar de ser uma coleção preciosa e pequena e começar a parecer mais um balcão de loja de departamentos cheio de itens que nunca usamos.

Aplique as mesmas categorias *amo usar*, *nunca uso* e *uso ocasionalmente* para seus acessórios, eliminando todos aqueles que nunca usou e a maioria dos que usa ocasionalmente. Se você já diminuiu a quantidade de roupas e está mantendo menos cores e estilos, isso reduz, por conseguinte, o número de acessórios que combinam com seus looks e o ajuda a decidir de quais peças se livrar.

Na verdade, você pode pensar em fazer o contrário e usar seus acessórios para ajudá-lo a decidir quais peças de roupa devem ser removidas. Por exemplo, quando minimizei meu armário, decidi reduzir drasticamente meus acessórios, mantendo apenas uma cor: preto. Eu me desfiz de todos os meus cintos, sapatos e relógios marrons. Com essa nova cor básica de acessórios, guardei apenas roupas que combinavam com acessórios pretos. A mesma estratégia também poderia funcionar para joias — você não precisa de um monte de duplicatas em todas essas categorias.

Limite seus acessórios e você poderá limitar suas roupas com mais facilidade e tomar decisões mais rápidas ao comprar novas. (Sei que isso é o oposto do modo como muitos de nós pensamos sobre roupas e acessórios. Nós escolhemos as roupas primeiro e depois os acessórios para combinar. Mas o minimalismo é contrário a isso por natureza.)

Livrando-se dos excessos

Stacy é uma mulher de 35 anos e mãe de dois filhos que decidiu simplificar sua vida e começar a se concentrar nas coisas que importam. Um dia, ao fim de uma palestra minha, ela se aproximou para contar sua história.

"Eu me saí muito bem, Joshua. Trabalhei com calma na maioria dos cômodos da minha casa, jogando fora a maior parte das coisas do meu marido", disse, com uma risada e um sorriso. "Eu me saí bem e estou orgulhosa do meu progresso. Exceto por uma parte da minha casa onde me senti paralisada: congelei pensando na ideia de tirar as roupas e os sapatos do armário. Sempre me orgulhei de estar na moda, e atacar meu guarda-roupa seria uma tarefa difícil."

Assim foi até uma semana antes de nos conhecermos. Ela continuou com sua história: "Na semana passada, eu estava dirigindo para meu trabalho, no centro, e notei algo que nunca havia visto. O abrigo local para mulheres vítimas de agressão não ficava longe do meu escritório, e eu nunca tinha percebido isso. Aí me ocorreu que, dentro daquelas paredes, havia dezenas de mulheres, muitas das quais provavelmente tinham deixado suas casas no meio da noite, com nada além de uma mochila com roupas e dois filhos nos braços, procurando abrigo, ajuda e uma nova vida."

Ela continuou, com lágrimas nos olhos: "Pensei imediatamente nas inúmeras peças de roupa e nos pares de sapatos amontoados no meu armário, sem uso. E comecei a considerar quanto esses itens poderiam significar para aquelas mulheres em termos de beleza e dignidade. Como poderiam ser usados por elas em entrevistas de emprego ou para dar um toque de confiança no primeiro dia de trabalho. Naquele momento, encontrei tudo de que precisava para finalmente reduzir o excesso no meu guarda-roupa. O processo não foi apenas sobre mim, uma tentativa de melhorar minha vida, mas sobre usar minhas roupas excessivas e não usadas para ajudar os demais."

Para as roupas que você vai minimizar, serão aplicadas as categorias de sempre: lixo, reciclagem, venda e doação. Mas, especialmente nesse caso, acho que geralmente é melhor doar, como Stacy fez. Essa estratégia faz bem aos outros e retira rapidamente o excesso de roupa da sua casa. A generosidade, nesse caso, não é apenas o subproduto do minimalismo... é também a motivação para isso.

Separe qualquer roupa usada que esteja em boas condições para uma instituição de caridade nacional ou local que pode usá-la ou revendê-la. Para roupas que não podem ser recuperadas, há uma série de oportunidades de reciclagem. Algumas organizações reciclam os tecidos antigos e decompõem o material, transformando-o em produtos de isolamento, enchimento de tapetes, papel ou fio. Alguns abrigos de animais usam esses materiais para artigos de limpeza ou roupas de cama.

Valor do lar minimalista
SEJA VOCÊ MESMO

O antigo filósofo Lao Tzu disse: "Preocupe-se com o que as outras pessoas pensam e você sempre será prisioneiro delas."

Minimizar sua coleção de roupas não significa desistir de ter uma ótima aparência. Significa não tentar impressionar os outros sendo um escravo da moda. É como perseguir o vento.

> A moda de hoje fica melhor em modelos retocadas do que em "pessoas reais". Comprar roupas é caro. Mesmo que você fique bem nelas, em breve estarão ultrapassadas. E talvez nunca expressem quem você é.
>
> Nossas roupas "falam". Elas dizem algo sobre quem somos, o que acreditamos e como queremos ser vistos. A última moda pode dizer algo consistente sobre a identidade de outra pessoa, mas não sobre a sua. Mesmo que pareça adequada para você, ela mudará em breve.
>
> É melhor ficar com roupas confortáveis, que lhe dão confiança e ficam bem em você, ainda que não apareçam nas capas das revistas de moda mais recentes.
>
> Usar um guarda-roupa simples e icônico permite que *você* seja a estrela do filme da sua vida, não suas roupas.

Antes de encerrarmos o tema *roupas* e quanto delas nós guardamos em nossas casas, vamos analisar um lugar especial que algumas casas têm.

Livrando-se da zona no hall

O hall de entrada marca a fronteira entre o interior e o exterior de muitas casas. Para dias chuvosos, lamacentos ou em certas regiões com neve, é um lugar valioso para deixar casaco, botas, chapéu, luvas ou guarda-chuva. Normalmente, há um banco para se sentar, e pode ser mobiliado com armários, prateleiras, ganchos e cabideiros.

Nem toda casa tem um espaço desses, mas se a sua tem você sabe que ele é bem utilitário: armazena agasalhos e impede que a lama e a sujeira tomem toda a casa. Mas também pode ser que você tenha algumas lembranças afetivas associadas a ele. Podia ser o local onde a sua mãe ajudava os filhos a se vestirem. Ou o lugar onde você recebe os hóspedes na sua festa de Natal todo ano.

Para torná-lo um lugar de charme e conveniência, em vez de confusão e frustração, retire todos os objetos e decida o que fazer com eles.

Percebeu que há alguns itens que não deveriam estar ali? Realoque-os. Alguns objetos de decoração parecem excessivos agora que você é minimalista? Elimine-os. Há coisas em duplicata desnecessariamente? Ou que não servem mais? Ou que nunca são usadas? Há móveis que estão apenas ocupando espaço? Ou há itens grandes que mais atrapalham do que contribuem para a área? Doe tudo isso a pessoas que ficarão gratas por recebê-los.

Depois de decidir o que manter no seu hall de entrada, vamos à organização. Certifique-se de que tudo está no seu lugar: o casaco do pai em um gancho, as botas embaixo do banco, os chapéus na prateleira de cima, o guarda-chuva no suporte ou onde achar melhor. Dia após dia, ao usar esse espaço, você notará o quanto ele funciona melhor para você. E perceberá como seus filhos conseguirão mantê-lo organizado quando tudo tiver um lugar específico.

Nossa casa em Vermont não tinha um espaço desses, mas tinha uma entrada com um armário para casacos. Depois de minimizarmos esse armário, reparei que passamos a usá-lo com mais frequência. Como tínhamos que amontoar nossos casacos no armário toda vez que queríamos pendurar alguma coisa, era fácil jogá-los no chão. Porém, quando passou a haver espaço no armário, pendurar os casacos ficou bem mais fácil e rápido. O mesmo acontece com os sapatos. Quando inúmeros objetos estavam empilhados ali, porque as prateleiras já estavam muito cheias com outras coisas, ninguém usava o piso do armário para sapatos. Mas houve uma mudança notável quando minimizamos esse armário. Na época, meus filhos eram bem pequenos e, mesmo assim, conseguiam guardar coisas dentro dele direitinho.

Você de verdade

Uma pesquisa feita pela IKEA no Canadá relatou que cerca de um terço dos clientes ficava mais satisfeito após limpar seus armários do que depois do sexo.[17] Não posso prometer esse tipo de resultado, mas acho que você ficará surpreso com o tamanho do alívio que vai sentir ao ver seu armário arrumado e cheio de espaço.

Seus guarda-roupas não precisam ser uma fonte de estresse. Quando você minimiza os armários, o conteúdo deles não precisa de muita atualização. Ao escolher roupas, você não fica se lembrando da época em que pesava menos ou do dinheiro que desperdiçou comprando-as. Você não precisa perder tempo se decidindo entre as opções e perguntando a si mesmo, todos os dias, o que sente vontade de usar. Um armário minimizado facilita a vida.

Além disso, sei que você vai adorar sair por aí com seu próprio estilo icônico, com roupas que vestem bem e combinam com você e que são tão confortáveis quanto uma velha amizade. Isso não parece lindo? Ter confiança em relação ao seu estilo pessoal em vez de se preocupar em acompanhar as mudanças da moda? O *você* que apresenta ao mundo é o você de verdade, confortável em sua própria pele... e em sua própria roupa.

Checklist da minimização

Como saber se você já se livrou o suficiente da bagunça e do excesso de roupas nos armários? Faça a si mesmo estas perguntas:

Em relação ao armário do quarto principal...
- ☐ Meu armário está apenas com as roupas que amo usar?
- ☐ Há alguma roupa no meu armário que era de uma etapa anterior da vida e que preciso descartar?
- ☐ O meu armário ajuda a tomar decisões rápidas e confiantes sobre o que vestir de manhã?
- ☐ Tenho espaço suficiente no meu armário para que minhas roupas estejam penduradas confortavelmente?

Em relação aos outros armários da casa...
- ☐ Tudo neste armário está no local certo e tem um espaço designado? Os outros membros da casa estão aprendendo as vantagens de ter um armário limpo e simples?

Para ao hall de entrada...
- ☐ O hall de entrada é um local eficiente e arrumado para servir como lugar de passagem entre as partes interna e externa da casa?
- ☐ Minha família está disposta a guardar as coisas porque agora há espaço para isso?

6
Varredura

Organizando os banheiros
e a área de serviço

Agora chegamos aos espaços que têm alguns dos mais humildes propósitos da casa: manter nossos corpos e nossas roupas limpos. Nossos banheiros e áreas de serviço podem não parecer importantes, mas, como os usamos com muita frequência, deixá-los entulhados significaria abraçar o aborrecimento e a ineficiência todos os dias. Minimizar esses espaços restaura a capacidade deles de cumprir as funções pretendidas. E, pelo menos no caso do banheiro, eliminar a desordem pode nos dar uma sensação de paz que acalma nossos espíritos.

Se nos guiarmos por algumas propagandas, o banheiro ideal é um amplo espaço com azulejos reluzentes, luminárias brilhantes e fontes jorrando, onde pessoas bonitas se mimam ou se deleitam em banhos em meio a plantas e velas tremulantes. Praticamente nenhum de nós tem um banheiro assim, mas ainda podemos sonhar com um que nos ofereça uma sensação de privacidade e repouso. Com isso em mente, a reforma de que seu banheiro precisa não envolve ganhar mais metros quadrados nem comprar acessórios novos, mas uma remoção de todos os objetos em excesso que dão ao espaço uma aparência confusa e descuidada. Não sei qual é o tamanho do seu, mas livre-se da bagunça e garanto que ele vai *parecer* mais espaçoso. Você começará a desfrutar de maior tranquilidade e relaxamento no banheiro que já tem.

No passado, antes de minimizarmos nosso banheiro, eu ficava irritado quando sem querer derrubava um frasco de desodorante ao lado da pia, ou quando um pote de gel caía da prateleira quando eu mexia no armário. Esse tipo de coisa quase não acontece mais. Hoje consigo, de maneira calma e rápida, fazer o que pretendo. Em outras palavras, todos os dias eu aprecio os benefícios da minimização do meu banheiro.

Você também pode aproveitar os benefícios dessa transformação em sua casa com a minimização.

É uma experiência

Nós amamos nossos banheiros. Nos Estados Unidos, embora o tamanho médio das residências tenha diminuído gradualmente com o passar das décadas, o número de banheiros nas casas continuou a aumentar. Em 1973, a norma era um banheiro por residência. Em 2012, o número médio de banheiros subiu para 2,56.[1] A maioria dos britânicos e australianos também procura casas com pelo menos dois banheiros.[2]

Referir-se ao número de banheiros ainda é importante quando descrevemos nossas casas. Quem começa a procurar um imóvel diz logo ao seu corretor: "Estamos procurando uma casa de três quartos e dois banheiros."

O designer de banheiros inglês Edward Lewis destacou que passamos um ano e meio de nossa vida nos banheiros. E prosseguiu: "O banheiro é o único cômodo em que podemos finalmente nos desligar de tudo que está acontecendo ao nosso redor e simplesmente ficar sozinhos com nossos pensamentos, refletindo sobre o dia. Uma chance de relaxar e remover o estresse da vida, e, acima de tudo, é onde a inspiração acontece. É uma experiência!"[3]

Tendo em mente a importância do banheiro em nosso dia a dia, listo pelo menos três benefícios de um banheiro minimalista:

1. Em geral o banheiro é um espaço relativamente pequeno, mas ainda assim gastamos uma quantidade considerável de tempo nele. Em um lugar pequeno a bagunça parece ainda maior.

2. Banheiros ficam sujos rápido... e não apenas de poeira, mas de coisas grudentas e nojentas. Um banheiro minimizado é mais fácil de limpar, o que torna seu uso mais agradável para todos.

3. Quando minimizamos essa área, acabamos com uma parte do estresse matinal de nos prepararmos para enfrentar o mundo. E, como disse Lewis, criamos um espaço que nos ajuda a desanuviar a mente e a relaxar no fim do dia, quando estamos nos preparando para dormir.

Sim, os seus banheiros têm um significado maior para a sua família do que o tamanho deles indica, e você ficará satisfeito depois de transformá-los eliminando o excesso de coisas.

LIMPADOR NATURAL E MULTIUSO

1. Coloque 1 colher de chá de bórax,* 1/2 colher de chá de bicarbonato de sódio e 1 colher de chá de sabão de Castela (feito com azeite de oliva) em um frasco de spray.
2. Adicione 2 xícaras de água morna destilada.
3. Adicione gotas dos óleos essenciais de sua escolha (como limão, lavanda ou laranja).
4. Coloque o spray no frasco e agite bem.
5. Use em superfícies de banheiro, balcões de cozinha e em outros lugares.

Cortesia de Katie Wells, Wellness Mama[4]

SABÃO DE LAVAR ROUPA PRONTO PARA USO

1. Rale uma barra de sabão sem perfume até ficar finamente moída.
2. Em uma tigela grande, misture a barra de sabão ralada, 1 xícara de bicarbonato de sódio e 1 xícara de bórax.
3. Guarde em um recipiente fechado.
4. Use entre 2 colheres de sopa e 1/4 de xícara por lavagem.

Cortesia de Katie Wells, Wellness Mama[5]

---

* Recomenda-se cuidado no manuseio deste produto, devido à sua toxicidade. (N. E.)

★ MINIMIZANDO SEUS BANHEIROS — PASSO A PASSO

Enquanto você minimiza seus banheiros, sua abordagem pode variar:
- No banheiro principal, se você mora sozinho, só precisa agradar a si mesmo com o que escolher minimizar. No entanto, se tiver um parceiro, é melhor consultá-lo antes de reduzir o excesso nesse cômodo. Provavelmente você vai querer ter nele uma combinação de eficiência na limpeza e tranquilidade de spa.
- No banheiro das crianças, você provavelmente quer um lugar que seja fácil de usar e reflita um pouco da personalidade dos seus filhos. Pergunte a eles o que querem manter ou jogar fora. O espaço pode ser apertado nos banheiros das crianças, então cada item é importante.
- No banheiro de visitas, imagine o que seus convidados gostariam de encontrar por lá. Provavelmente você vai querer que seja simples, fácil de limpar e esteja pronto a qualquer momento.

1. Verifique seu armário de remédios
Todos temos um lugar onde guardamos medicamentos prescritos por médicos, remédios de venda liberada e afins. Pode ser numa farmacinha atrás do espelho, em prateleiras num armário ou em gavetas sob a pia. Em média, os domicílios americanos gastam 486 dólares em medicamentos prescritos e 338 dólares em medicamentos sem receita a cada ano.[6] Nosso local de armazenar medicamentos é repleto de analgésicos, ataduras, frascos de filtro solar, pastilhas para a garganta, antissépticos, termômetros, algodão, antiácidos, hidratante e muito mais.

Onde quer que você guarde essas coisas, pegue tudo e avalie-as cuidadosamente.
- Elimine com segurança quaisquer medicamentos prescritos que não esteja mais usando. Descubra os métodos ideais para descartar esses medicamentos em sua região. Por exemplo, algumas farmácias aceitam medicamentos não utilizados.[7]

- Da mesma forma, livre-se de quaisquer medicamentos sem receita ou outros produtos fora de validade.
- A despeito da data de validade, livre-se de qualquer coisa que pareça estragada (cor, cheiro ou sabor alterados).
- Verifique se não está misturando produtos diferentes na mesma embalagem.
- Descarte todas as embalagens sem identificação.
- Teste aparelhos médicos e elimine todos os que não funcionem mais.
- Livre-se de todas as duplicatas desnecessárias e de qualquer coisa que você saiba que nunca usará.

Como a maioria dos itens minimizados da casa, recomendo doar, vender e reciclar como opções de descarte. Com itens do armário de remédios, no entanto, essas *não* são boas opções. Livre-se deles completamente.

Organize o que você decidiu manter no armário de remédios para que possa encontrar rapidamente o que precisa e saber quando é hora de reabastecer. Guarde os itens em um local seguro, onde crianças pequenas e visitantes curiosos não terão acesso. Se algum produto puder ser danificado pela umidade, coloque-o em um recipiente vedado para proteção. Na verdade, você pode transferir tudo para um local mais privado, fora do banheiro, de modo que danos causados pelo ambiente e estar ao alcance de outras pessoas não sejam preocupações reais.

2. Reduza seus itens de beleza e de higiene
Não sei se é devido à vaidade ou ao marketing, mas cada vez mais homens e mulheres em todo o mundo estão comprando produtos com a intenção de melhorar a própria aparência.

O site GoodHousekeeping.com relatou: "A mulher média tem o espantoso número de quarenta produtos de maquiagem... Ainda mais chocante: em média, as mulheres normalmente usam apenas *cinco* desses quarenta produtos, o que significa que 87% de nossa coleção vão para o lixo sem serem usadas regularmente."[8]

Um jornal do Reino Unido informou um aumento de 300% nas vendas de produtos para cuidados masculinos em 2015. Além disso, afirmou: "Os dez principais mercados em ascensão para os produtos de higiene pessoal masculina desde 2010 incluem o Brasil, a Coreia do Sul, os Estados Unidos, a Alemanha, a Índia e, sim, o Reino Unido. Na China, país que também está entre os dez maiores dessa lista, o crescimento anual superou 20% no mesmo período."[9]

Para minimizar seus produtos de beleza, comece tirando todos dos armários e das gavetas em que estão guardados.

- Separe-os por tipo: *utensílios de beleza* (pranchas térmicas, aparelhos de microdermoabrasão, barbeadores, escovas de cabelo, kits de manicure e afins) e *produtos de beleza* (delineadores, base, sprays de cabelo, cremes antienvelhecimento, perfumes, loção pós-barba e todo o resto). Respectivamente, esses são seus bens duráveis e consumíveis de beleza.
- Elimine duplicatas desnecessárias.
- Jogue fora tudo que está quebrado ou velho. Embora alguns cosméticos não tenham data de validade, o uso de maquiagem — especialmente maquiagem nos olhos — por muito tempo pode acarretar riscos à saúde.
- Livre-se de itens que não usa, como um lápis de sobrancelha mais escuro que os pelos ou uma colônia de cujo aroma você não gosta.
- Diminua o número de tons de batom que mantém à mão.
- Prefira cosméticos que possam ser usados para mais de um propósito. Por exemplo, algumas bases também podem ser usadas como corretivo.

Alguns produtos de beleza são tóxicos e devem ser descartados de maneira ecologicamente responsável. Por exemplo, os especialistas recomendam que o esmalte seja tratado como resíduo perigoso.

Quando terminar de minimizar, lave seus recipientes de armazenamento e organize o que pretende manter.

3. *Torne os banheiros das crianças apropriados à idade e às etapas da vida*
Conforme as crianças crescem, começam a precisar de produtos diferentes no banheiro. Uma menina, por exemplo, pode começar com um monte de acessórios de cabelo de plástico e sabonetes perfumados no banheiro, passar a querer produtos de cabelo para adolescentes e joias baratas, e depois desejar os mesmos tipos de maquiagem usados pela mãe. Assim como no caso das roupas, as necessidades de nossos filhos mudam tão rápido que isso surpreende os adultos. Então, o banheiro deles também precisa mudar. No entanto, às vezes guardamos neles coisas que já não são usadas há muito tempo.

> "Sua casa deve ser o antídoto para o estresse. Não a causa dele." (Peter Walsh)
> **#casaminimalista**

Se você tem filhos, avalie o banheiro e, com a ajuda deles, remova itens desnecessários, especialmente coisas de que eles não precisam ou que não querem mais. Por exemplo, se seu filho está grande demais para brinquedos de banho, livre-se deles. Às vezes nos acostumamos tanto a ver as coisas no banheiro que esquecemos que não precisamos mais delas.

Seus filhos vão adorar saber que a limpeza do banheiro será mais fácil quando houver menos bagunça — mesmo que nunca admitam isso.

4. *Reduza seus produtos de limpeza do banheiro ao básico*
O banheiro é um dos cômodos da casa onde costumamos guardar alguns de nossos materiais de limpeza. Tire tudo isso do seu banheiro e decida de quais você realmente precisa. Alguns são óbvios — você provavelmente vai querer ter um limpador de vaso sanitário e limpador de vidro, por

exemplo, mas pode manter poucos produtos à mão e ainda assim deixar o banheiro limpo.

Os profissionais de marketing tentam nos vender produtos de limpeza exaltando seus objetivos específicos, mas talvez você só precise mesmo de alguns produtos básicos. Se tiver itens de limpeza bem específicos em seu banheiro, teste-os. Use-os como indicado e veja se eles funcionam melhor do que um limpador de uso geral. Se não, você não precisa deles. Produtos que prometem muito geralmente são bons demais para ser verdade e acabam entulhando nosso espaço.

Se você for do tipo que gosta do estilo "faça você mesmo", talvez queira fabricar seus próprios produtos de limpeza. Fazendo isso, você economiza dinheiro, sabe exatamente quais produtos químicos usa na sua casa e pode produzir mais sempre que precisar.

5. Reduza o número de toalhas
As toalhas duram muito e, com o tempo, tendemos a acumular muitas. Avalie suas toalhas de banho, de rosto e de lavabo. De quantas você realmente precisa? Minimize e se livre do resto. Reduzir a diversidade de estilos e cores da roupa de banho dá ao banheiro uma aparência mais *clean*.

Eis uma dica: se você ficar com as toalhas menores, elas vão ocupar menos espaço na sua roupa suja. Você realmente precisa de uma toalha gigante para se secar?

6. Limpe as bancadas
A desordem mais visível em seu banheiro é provavelmente na bancada. Talvez você mantenha uma escova de dentes elétrica ali em cima. Ou tenha largado uma escova de cabelo. O tubo de pasta de dentes está escorrendo? Aquilo é um secador de cabelo que fica plugado perigosamente ao lado da pia? Opa!

Essa bagunça toda pode ser em parte por você ter escolhido deixar as coisas na bancada porque parece mais eficiente tê-las à mão. Aqui está a falácia da conveniência novamente. Na verdade, leva muito pouco tempo para tirar um item de higiene ou de beleza de uma gaveta e colocá-lo de volta no lugar. E manter tantas coisas fora não cria apenas uma distração visual, mas também dificulta a utilização de tudo que está aglomerado na bancada.

Se você se livrou de coisas que havia em suas gavetas, armários e embaixo da pia, pode colocar mais coisas nesses lugares e manter a bancada bela e perfeitamente limpa.

7. Organize a área em torno da banheira ou do chuveiro
Sabonete, xampu, condicionador, sais de banho, espuma de banho, óleos, esponjas, velas — as bordas e prateleiras em volta de uma banheira ou chuveiro tendem a ficar entulhadas com muitos itens desse tipo. Avalie do que pode se livrar ou o que pode arrumar de forma mais organizada. Você vai gostar do espaço extra e da facilidade na hora de limpar.

O número de produtos de que precisamos para limpar nossos corpos é realmente muito pequeno. Em um momento como o atual, em que fazemos menos trabalho braçal e, portanto, suamos menos do que as gerações anteriores, é especialmente irônico que compremos tantos produtos para banho. Não faça da limpeza do seu corpo algo complicado demais nem atravanque seu precioso espaço.

O QUE FAZER COM OS BENS DE CONSUMO NÃO DURÁVEIS

Bens não duráveis são produtos que os consumidores usam conforme necessitam, em um período de tempo relativamente curto, até que o suprimento acabe ou seja reabastecido. É o oposto de *bens duráveis* — coisas que duram e que tendemos a manter por muito tempo.

Precisamos de alguns bens não duráveis, mas não da quantidade que os anunciantes tentam nos vender. E muitas vezes mantemos mais desses produtos do que conseguimos usar em um curto período, o que agrava o nosso problema com a bagunça.

> Diante de um estoque de produtos não duráveis na sua casa, faça a si mesmo estas perguntas:
> 1. Tenho espaço para guardar esses itens fora da vista ou eles ficam à mostra e me distraem?
> 2. Se eu mantiver todos esses produtos, com que rapidez conseguirei usá-los?
> 3. Tenho o tipo de personalidade que me permitirá usá-los até acabarem? Ou sou do tipo que vai esquecer que já tenho os produtos em casa e comprar mais mesmo que não tenham acabado?
> 4. Quão fácil é o acesso aos bens não duráveis quando tiverem acabado? (Se eles são fáceis de substituir, você não precisa conservar tantos em casa.)
> 5. Tenho embalagens fechadas de produtos de limpeza e pacotes de produtos que eu poderia doar ou estão todos parcialmente usados?

Simples é bonito

Jogar fora cosméticos indesejados ou se desfazer do secador de cabelo extra — essas ações podem não parecer grande coisa para você, mas fique sabendo que minimizar seu banheiro é um ato contracultural!

Pergunte-se por que tendemos a ter tantas coisas no banheiro. Os profissionais de marketing apelam para nossos medos e inseguranças, sugerindo que vamos afugentar as pessoas com nossos odores corporais e nossa aparência suja. Por outro lado, eles querem que pensemos que, se usarmos seus produtos, seremos lindos, sexies e atraentes.

Katherine Ashenburg, autora de *The Dirt on Clean*,* colocou tudo isso em perspectiva histórica:

> A publicidade criou uma preocupação mórbida em não "ofender", e mais sabonetes, desodorantes e enxaguantes bucais (use Listerine

---

* Título não publicado no Brasil. Em tradução livre, *A sujeira na limpeza*. (N. E.)

e você evitará o destino de ser "sempre a dama de honra, mas nunca a noiva") se apressaram em amenizar essa ansiedade (...)

No século XXI (...) pouco mudou. Os sabonetes proliferam, os produtos de "higiene íntima" se multiplicam e nosso objetivo parece ser erradicar todo o cheiro natural de nossos corpos e depois aplicar aromas tropicais como baunilha e melão.[10]

O cidadão americano médio gasta 325 dólares anuais em produtos de higiene pessoal. Estamos falando de uma indústria de 35 bilhões de dólares.[11] Então há muito dinheiro em jogo. É possível que estejamos indo longe demais, talvez só um pouquinho?

Agora, vamos ser claros: sou totalmente a favor da limpeza. E não há nada de errado em realçar a nossa beleza natural. Mas há muito espaço para nos tornarmos mais conscientes sobre o consumismo nessa área, bem como em qualquer outra. Comprar muitos produtos de beleza e higiene pessoal é caro e gera bagunça em nossas casas — e isso não é necessário. Nosso tempo e nosso dinheiro podem ter um uso melhor em outros lugares.

O uso excessivo de produtos de higiene corporal pode até ser prejudicial. Lavar remove óleos naturais da pele e pode deixá-la irritada. O alumínio em alguns antitranspirantes e substâncias químicas em desodorantes podem ser tóxicos. Os sabonetes antibacterianos removem as boas bactérias da pele e podem reduzir nossa imunidade a algumas doenças.[12]

Ao mesmo tempo que minimizamos nossos banheiros, que tal superar nossas paranoias em relação à limpeza e à beleza? Quantos dos itens desse cômodo são o resultado de pressões sociais externas que nos impelem a comprá-los? É libertador remover esse pensamento de nossas mentes e esses produtos de nossos banheiros. Vamos ficar com o simples, o natural e o necessário. Não há necessidade de olhar para o seu banheiro como uma oficina para reconstruir sua aparência exterior... de uma forma que você acha que agradará os outros.

> ### Inspiração
> ### A RESPOSTA ERA "MENOS"
>
> Sempre desejei um banheiro digno de spa, daqueles que vemos no Pinterest, desde que tive minha primeira casa. A ideia de conseguir aquela sensação de spa dentro de casa era tentadora demais.
>
> Por anos, salpiquei o cômodo com miudezas em uma tentativa de criar o ambiente que eu procurava. Comprei produtos de alta qualidade e praticamente tudo que prometia me transformar em uma modelo da Victoria's Secret. Meu banheiro estava lotado de embalagens, amostras e kits indesejados.
>
> Porém, só quando resolvi tirar os excessos do meu banheiro que obtive aquela sensação de tranquilidade e relaxamento que eu procurava. A resposta para o meu problema, sem que eu soubesse na época, sempre foi ter menos. Nunca me ocorreu que o segredo para criar um espaço digno de um retiro com uma atmosfera luxuosa fosse preenchê-lo com menos coisas, em vez de mais.
>
> Jessica Rose Williams, Inglaterra

Uma mudança de visão pode ajudar a manter o minimalismo nos seus banheiros. Se você for mais racional quanto à limpeza e à beleza, ficará menos tentado a acumular coisas de mais e a usar produtos em excesso. Você pode deixar de lado a visão da sociedade sobre qual deve ser sua aparência ao mesmo tempo que deixa de lado a ideia da sociedade sobre quantas coisas deve ter.

E *isso* é lindo!

★ MINIMIZANDO SUA ÁREA DE SERVIÇO — PASSO A PASSO

Antes de terminarmos de pensar em formas de minimizar os espaços de limpeza em casa, não podemos nos esquecer da área de serviço.

Esse é, talvez, o cômodo mais utilitário da casa. Normalmente, tem um propósito: servir como estação de limpeza para as nossas roupas sujas. Portanto, ao minimizá-lo, devemos nos esforçar para torná-lo o mais eficiente possível para um uso simples.

1. Remova coisas que não pertencem a esse local
Quando uma área de serviço se torna uma área de armazenamento para todo tipo de objeto desnecessário que não tem nada a ver com o propósito do espaço, ela se torna menos eficiente e menos agradável de usar. Se olhar para sua área e encontrar objetos que estão lá sem nenhuma razão, pergunte a si mesmo onde eles deveriam estar e troque-os de lugar — ou talvez isso signifique que você pode viver sem eles.

2. Retire os enfeites inúteis
Eu não sinto a necessidade de decorar nossa área de serviço com fotos nas paredes ou qualquer coisa desse tipo, mas se você quiser decorar a sua certifique-se de que os objetos de decoração não sejam exagerados, o que apenas causa um efeito de desordem. Verifique também se não estão transmitindo uma mensagem prejudicial.

Eu conheço uma mulher que tem uma placa na área de serviço que diz: "É difícil andar rápido quando se está casada com um quebra-molas." Bonitinha, inteligente e digna de uma risada, suponho. Mas eu me pergunto de que modo a leitura dessa placa, todos os dias, pode afetar o seu casamento, mesmo de forma sutil.

Podemos colocar mensagens engraçadinhas em qualquer cômodo da casa, e às vezes elas também estão na área de serviço.

Eu entendo o apelo dessas mensagens. Entendo mesmo. Mas, se vamos colocar quadrinhos nas paredes das nossas casas, eles não deveriam nos encorajar a fazer nosso trabalho bem e com altruísmo?

3. Remova produtos, ferramentas e acessórios desnecessários
O mercado está repleto de produtos de lavanderia: produtos para pré-lavagem e removedores de manchas, alvejantes, sabão (líquido, em pó ou em cápsulas; para roupas brancas, escuras ou coloridas), lenços antimanchas, amaciantes, eliminador de odores para roupa, facilitador para passar roupas e spray antiestático. Você não precisa de tudo isso. Apenas sempre tenha o básico que usará regularmente.

Em nossa casa, usamos um removedor de manchas, um sabão adequado para o nosso tipo de lavadora, que funciona com todas as cores de roupa, um frasco de alvejante e uma caixa de lenços para a secadora de roupas. E pronto. (Provavelmente poderíamos nos livrar dos lenços.)

Além de produtos para lavar roupas, algumas pessoas também acumulam utensílios e acessórios de diferentes tipos, como escova removedora de pelos, varal, pregadores de roupa, ferro, tábua de passar, cestos, cabides e saco protetor para lavar roupas. Tem algum item que acha que pode dispensar? Talvez isso abra espaço, permitindo que você ande mais livremente na sua área de serviço e fique mais à vontade para fazer o trabalho a que ela se destina.

4. Coloque os materiais de que precisa onde seja mais fácil alcançá-los
Quando restarem apenas os materiais que você vai usar na área de serviço, organize-os de forma lógica. Eles podem estar em caixas, cestos ou armários. Ou em prateleiras.

A área de serviço é uma das poucas partes da casa em que acho que faz sentido manter as coisas à mão, expostas. Normalmente, sou a favor de manter itens menores em gavetas e armários, para dar uma aparência mais limpa a um local, mas, como a área de serviço em geral fica fora da vista das pessoas, não é tão importante esconder os itens individuais. É por isso que, em nossa casa, os produtos para lavagem de roupas ficam em uma prateleira acima de nossa lavadora e secadora, sempre à mão. Aqui, a conveniência é o que importa.

Nobreza nos cômodos mais simples

O banheiro e a área de serviço podem ser espaços humildes e utilitários, mas quero salientar um fato despretensioso que você pode ter esquecido: eles também podem ser lugares nobres.

Se você cuida da própria higiene e aparência regularmente (sem exageros), está se esforçando para se apresentar bem ao mundo.

Se usa seu tempo para relaxar no banho periodicamente, está reconhecendo que a vida não se resume só ao trabalho e que há momentos apropriados para desestressar e meditar.

> É melhor ter tempo extra nas mãos e dinheiro extra no bolso do que coisas extras no armário.
> **#casaminimalista**

Se você monitora seu peso em uma balança ou toma suplementos vitamínicos que guarda no banheiro, está buscando sua saúde.

Se armazena remédios que pode utilizar quando uma criança acorda doente durante a noite, está preparado para trazer alívio.

Se dá banho em uma criança, ou talvez em um cônjuge com deficiência ou pai idoso, está dando conforto enquanto atende a uma necessidade humana básica.

Se transmite lições básicas de cuidado com a saúde e a beleza para seus filhos, está ajudando a iniciá-los bem na vida.

Se lava as roupas de sua família semana após semana, eles podem não agradecer, mas devem muito a você.

Deixe que *eu* diga uma coisa: obrigado por se importar e obrigado por aproveitar ao máximo esses espaços da sua casa, mantendo-os limpos e organizados.

Checklist da minimização

Como saber se você já se livrou o suficiente da bagunça e do excesso nos seus banheiros e na área de serviço? Faça a si mesmo estas perguntas:

Em relação aos banheiros...
- ☐ Fiz o melhor que pude para criar espaços onde minha família possa relaxar e "remover o estresse da vida"?
- ☐ Retirei dos banheiros tudo de que não precisamos?
- ☐ As bancadas estão limpas e arrumadas?
- ☐ As gavetas e os gabinetes estão organizados, permitindo que os produtos necessários sejam acessados rapidamente?
- ☐ Estes espaços permitem que eu e meus familiares tenhamos confiança para nos sentir bem em relação a nós mesmos todos os dias?

Em relação à área de serviço...
- ☐ Eu organizei este cômodo de maneira eficiente?
- ☐ O ambiente deste espaço me encoraja a cuidar de minha família com amor e generosidade?

7
O coração do lar

Organizando a cozinha e a sala de jantar

Como mencionei anteriormente, a instituição sem fins lucrativos que minha esposa e eu criamos com os resultados do nosso minimalismo é um orfanato chamado The Hope Effect, onde crianças órfãs podem viver em um lar semelhante ao ambiente familiar. Quando convenci uma arquiteta a projetar a primeira construção do lugar, eu disse: "Queremos transmitir segurança e comunidade, até mesmo na maneira como projetamos nossas casas. Tudo deve ser intencional."

O resultado foi uma casa com uma grande cozinha e uma área somente para as refeições. "Esses são os lugares onde as famílias ficam mais próximas", disse nossa arquiteta.

E ela está certa, não está?

Quando me tornei minimalista, investiguei o que outros minimalistas estavam escolhendo eliminar ou manter. Uma coisa que notei foi que algumas pessoas mantinham poucos objetos de cozinha. E me lembro de um casal que tinha apenas dois pratos e dois garfos!

Eu soube imediatamente que esse extremo não era para nós. Com certeza nos livraríamos de muitas coisas da nossa cozinha e da sala de jantar, mas eu não queria eliminar tanto a ponto de perdermos o propósito de cozinhar e comer em família. De fato, eu queria que nossa minimização aumentasse a alegria de estarmos juntos em torno da comida… tanto para nossa família quanto para nossos convidados.

Na época, tínhamos três grupos diferentes da igreja que se reuniam regularmente na nossa casa, e eu também estava recebendo dois casais de noivos para oferecer aconselhamento pré-matrimonial. Queríamos ser capazes de receber essas e outras pessoas para refeições informais. Para fazer isso, pretendíamos manter uma mesa de jantar e algumas cadeiras, bem como alguns utensílios de cozinha e pratos.

Refeições hospitaleiras ainda são uma prioridade para nós, além de servir jantares nutritivos para nossa família de quatro pessoas, por isso esses valores têm orientado nosso minimalismo na cozinha e na sala de jantar.

No entanto, não tenho certeza de que consigo expressar a sensação tão primordial, *justa* e profundamente *humana* que existe em cozinhar e comerem juntos. Até onde se sabe na história, sempre houve seres humanos reunidos em torno de mesas (ou de fogueiras) com o propósito de comerem juntos. Oferecer comida e água é um gesto instintivo de cortesia em quase todas as culturas do mundo. Na Bíblia e na tradição judaico-cristã, repartir o pão é talvez um dos reflexos de unidade mais humildes e significativos.

Valor do lar minimalista
HOSPITALIDADE

Reunir-se na cozinha durante o preparo da comida e depois ir à sala de jantar para se sentar e desfrutar dos resultados deve ser uma das melhores maneiras de experimentar a simples alegria de viver. E uma cozinha e sala de jantar minimizadas, por estarem livres dos excessos e prontas para serem úteis, nos ajudam a cultivar a vida no interior do lar: as relações ali dentro.

Recentemente, um vizinho me contou que recebeu amigos para jantar. O casal estava em pé de guerra havia algum tempo. "Eles trouxeram os papéis do divórcio, prontos para assiná-los", explicou a esposa do vizinho. "No fim da refeição, eles já tinham guardado os documentos, pelo menos por um tempo." Eis um uso intencional da sala de jantar deles para desempenhar um papel de cura na vida de seus amigos.

> No mesmo dia em que ouvi essa história, uma amiga da nossa filha veio à nossa casa para brincar e, como ficou tarde, nós a convidamos para jantar. Essa amiga vem de um lar disfuncional, e seu rosto jovem está começando a mostrar o sofrimento dela. No jantar, ao redor da mesa, ela pôde ver como uma família saudável interagia. Nós não planejamos isso, e obviamente essa refeição não vai resolver todos os problemas dela em casa, mas talvez, de alguma forma, nossa interação naquela noite a ajude no futuro, quando ela tiver sua própria família.
>
> E existe também a hospitalidade que nem sempre consideramos hospitalidade: a gentileza e a atenção que damos àqueles que amamos, com quem lidamos todos os dias. Preparar uma refeição (e arranjar tempo para compartilhá-la em torno da mesa da família) é um ato de amor com aqueles de quem sentiríamos saudade se não morassem na nossa casa nem comessem na nossa mesa. Fazer a refeição juntos é um ato de amor.
>
> Uma casa minimalista pode ser um lar sempre pronto para dizer "bem-vindo".

Ayelet Fishbach, professor de ciência comportamental da Universidade de Chicago, disse: "A comida realmente conecta as pessoas. Comida é trazer algo para o corpo. E comer a mesma comida sugere que ambos estamos dispostos a trazer a mesma coisa para os nossos corpos. As pessoas se sentem mais próximas de pessoas que estão comendo a mesma comida que elas. E então vem a confiança, a cooperação; são apenas consequências de se sentir próximo a alguém."[1]

Em nossos lares modernos, a cozinha parece ser o lugar para reuniões informais e espontâneas. Lá podemos conversar enquanto mantemos nossas mãos ocupadas em uma atmosfera de calor emanando do forno, vapor subindo, odores atraentes, tinidos alegres e barulho, e a beleza natural de frutas e legumes, tudo temperado com a expectativa da refeição que está por vir.

Uma sala de jantar é onde nos sentamos para dividir a comida e compartilhar com os outros o tempo que levamos para comer os alimentos. Os casais conversam uns com os outros à mesa de jantar. As famílias falam sobre seus dias, cuidam dos "negócios" familiares e brincam em torno da refeição. À mesa, os hóspedes podem ser acolhidos de uma maneira ainda mais gentil do que na sala de estar. Há uma espécie de ritual cotidiano no ato de comer juntos que é reconfortante em sua repetição. As refeições de fim de ano são nossa pompa doméstica.

Portanto, será que é uma boa ideia entupir nossas cozinhas com todos os aparelhos alardeados pelos comerciais, a ponto de ficarmos frustrados na hora de procurar aquilo de que precisamos, em meio a bancadas bagunçadas, lotadas e feias? E aglomerar nossa sala de jantar com tantos móveis e opções de utensílios de mesa que se torna desconfortável comer nela? Obviamente não. Esses espaços servem aos seus propósitos muito melhor quando são mantidos simples e acolhedores, permitindo que nos concentremos nas tarefas práticas e nas alegrias de compartilhar a comida juntos.

Com esses dois locais, estamos chegando às áreas mais difíceis de minimizar, pois elas (a cozinha em particular) tendem a reunir todos os tipos de itens que precisaremos avaliar quando minimizarmos. Mas você descobrirá que arrumar a cozinha e a área de jantar vale a pena, porque, dessa forma, o coração da sua casa vai ficar mais livre!

Criando a cultura da sua casa na cozinha

Há algo revigorante e vivo em uma cozinha limpa e organizada. Na verdade, é um dos meus benefícios favoritos do estilo de vida minimalista. Essa área define o tom e a cultura da casa. Transmite sossego e ordem. Promove oportunidade e possibilidade. E isso economiza tempo e garante a limpeza.

No entanto, a cozinha é um dos lugares mais difíceis de manter organizado. Existem várias razões para que esse seja um espaço tão difícil de minimizar:
- a cozinha geralmente fica localizada em uma área muito movimentada da casa;
- o propósito do local faz com que ele fique bagunçado durante o uso;
- a cozinha é usada como área de acúmulo de bugigangas (como contas para pegar, por exemplo).

Os utensílios de cozinha são um prato cheio para os profissionais de marketing, que ultrapassam todos os limites ao promover coisas das quais supostamente precisamos. (Na verdade, eles "precisam" do nosso suado dinheiro.) Aqui, nossa cultura de excesso fica claramente exposta.

Então, quão cheias são as nossas cozinhas? Um especialista em consumo escreveu:

> Nos Estados Unidos, em 2004, a cozinha grande típica continha 330 objetos diferentes e um total de 1.019 itens. Mesmo uma cozinha pequena tinha um total de 655 itens (três vezes mais do que em 1948). Aparelhos de waffle, liquidificadores, colheres de todos os tipos e xícaras de café expresso estão competindo pelo espaço. As bancadas, consequentemente, foram ficando maiores, assim como as gavetas. O ideal da cozinha que também serve de área de alimentação, onde os anfitriões possam demonstrar suas habilidades culinárias, trouxe para ela livros de receitas e equipamentos especializados, mesmo que raramente sejam usados.[2]

A proliferação de utensílios de cozinha é um sinal dos extremos de acumulação para os quais fomos impulsionados. O número de aparelhos (incluindo, mas não restritos a utensílios de cozinha) adquiridos em todo o mundo aumentou de forma constante, crescendo 35% em apenas uma década, de 2006 a 2016.³ Hoje, cerca de um quarto dos lares americanos têm dois refrigeradores, o eletrodoméstico mais popular.⁴

Se estivéssemos fazendo bom uso de todos esses aparelhos, seria útil mantê-los. Mas é isso mesmo o que está acontecendo? Pesquisas no Reino Unido mostraram que duas em cada três famílias pesquisadas têm aparelhos que haviam sido usados em média seis vezes, enquanto 10% dos aparelhos nunca foram tocados depois de serem comprados. Estima-se que os britânicos tenham 123 milhões de máquinas de fazer pão, máquinas de café, processadores de alimentos e outros utensílios de cozinha que acumulam poeira nas prateleiras.⁵

Quando você pensa na própria cozinha, que tipo de desordem vem à mente? Você é uma daquelas pessoas que foram seduzidas por geringonças brilhantes ou utensílios especializados que não são realmente necessários? Você tem muita coisa duplicada de quando se casou e juntou seus utensílios de cozinha com os do seu cônjuge? Você acumulou uma extensa coleção de livros de receitas, mesmo que use apenas um ou dois regularmente?

Se a sua cozinha é como a da maioria das pessoas, você pode se livrar de muita coisa. Pense no que deseja que esse espaço seja para você. A cozinha deve permitir que prepare refeições saborosas e saudáveis para sua família sem muitas complicações? Deve ser fácil de manter limpa para que você tenha uma sensação de paz e não desperdice seu tempo? Deve servir como um espaço confortável para a família ou os amigos fazerem companhia enquanto você cozinha?

Seja claro sobre esses objetivos e use-os para guiá-lo enquanto se pergunta *Eu realmente preciso disso?* e minimiza sua cozinha.

Se você imagina a si mesmo como um chef, se cozinhar o conforta mais que qualquer outra coisa ou se simplesmente adora boa comida, agora você pode estar tenso pensando que a minimização arruinará seu espaço de criação culinária. Relaxe! Será como minimizar qualquer outro lugar da casa — minimizar a cozinha não tira nada de você, só se tem a ganhar. Você pode trazer à tona uma parte da sua alegria de cozinhar que estava oculta quando remover os objetos em excesso. O minimalismo vai ajudá-lo a se apaixonar novamente pela culinária... ou talvez até a se apaixonar pela primeira vez.

Agora você está cozinhando

Desde o início de nossa jornada pelo minimalismo, temi o dia em que chegaríamos à minha cozinha. Tantas engenhocas em tantas gavetas e tantas panelas, frigideiras e tigelas em tantas prateleiras — eu não sabia nem por onde começar. Mas a ajuda chegou certa tarde enquanto eu navegava na internet.

Encontrei um artigo no *New York Times* intitulado "A No-Frills Kitchen Still Cooks" ["Uma cozinha sem frescura ainda cozinha"], em que o chef profissional Mark Bittman contava como montou uma cozinha inteira com cerca de trezentos dólares, incluindo todos os utensílios que alguém poderia precisar para cozinhar como um profissional. E ele não apenas listou todos os utensílios de que você precisa para criar até os pratos mais elegantes como disse exatamente quanto gastar neles.

TUDO DE QUE VOCÊ PRECISA NA COZINHA

Mark Bittman é "cozinheiro minimalista" e autor do *New York Times*, e seus livros incluem: *Tudo e mais um pouco*, *The VB6 Cookbook** e *The Food Matters Cookbook*.** Bittman diz que você pode preparar praticamente tudo de que precisa com apenas esses utensílios de cozinha.[6] Use esta lista como seu guia ao minimizar sua cozinha:

---

* Título não publicado no Brasil. Em tradução livre, *O livro de receitas do método VB6*. (N. E.)

** Título não publicado no Brasil. Em tradução livre, *O livro de receitas da comida que importa*. (N. E.)

- faca de chef de liga de aço inoxidável de oito polegadas;
- termômetro de leitura instantânea;
- três tigelas de aço inoxidável;
- um par de pinças resistente;
- assadeira de alumínio resistente;
- tábua de corte de plástico;
- faca de cozinha;
- abridor de latas;
- descascador de legumes;
- escorredor de macarrão;
- panelas de alumínio fundido pequena, média e grande;
- panela de alumínio fundido antiaderente média;
- frigideira grande e funda de aço;
- escumadeira;
- colher perfurada;
- espátula de borracha resistente ao calor;
- faca de pão;
- fouet (batedor de ovos) grande;
- processador de alimentos;
- secador de salada;
- ralador Microplane;
- moedor de café e especiarias;
- liquidificador;
- afiador de facas.

Ao longo do texto, ele defendia a seguinte filosofia: "A cozinha precisa apenas ser funcional, não ter prestígio, ser luxuosa ou cara."[7]

Quando o sábado designado para minimizar a nossa cozinha chegou, reservei uma parte significativa do dia para o projeto. Eu sabia que isso exigiria foco e energia. E eu estava certo, mas acabei levando menos tempo do que eu imaginava.

Assim como já havíamos feito em outros cômodos, tiramos cada item de cada gaveta e armário e começamos a separar o conteúdo em pilhas: manter, realocar e descartar. A pilha de descarte foi subdividida em pilhas de venda, reciclagem e lixo. Com a ajuda do artigo do *New York Times*, criamos uma lista de todos os utensílios para cozinhar e assar que precisávamos manter. (É uma boa estratégia em qualquer parte superlotada da casa. Em vez de perguntar o que pode ser removido, comece com uma "lista de itens essenciais" e conserve apenas esses.) Ela funcionou muito bem para nós. Quando terminamos, a cozinha já não aparentava a desordem de antes, e logo a experiência provou que poderíamos criar refeições maravilhosas sem nenhum problema.

★ MINIMIZANDO SUA COZINHA — PASSO A PASSO

Escolha um horário (talvez comece logo de manhã, como eu fiz) para minimizar sua cozinha quando você tiver pelo menos algumas poucas horas livres para isso. Faça uma xícara de café ou coloque uma música para relaxar. Quando estiver pronto para minimizar sua cozinha, experimente estes princípios úteis:

1. Realoque tudo que não pertence à cozinha
As cozinhas são notórias por se tornarem áreas que reúnem todo tipo de bugiganga. Sem querer, a cozinha se torna um local de armazenar correspondências, lições de casa das crianças, bolsas, chaves e todas essas coisas que são colocadas na infame "gaveta de tudo".

Identifique um novo "lar" dentro de casa para cada item fora do lugar e leve esses objetos para lá. Ao fazer isso, diga a si mesmo que vai mudar a cultura que permitiu que toda essa bagunça permanecesse na cozinha. Pense na sua cozinha como uma área de atendimento ao cliente de uma loja de departamentos. Os itens podem entrar, mas não devem ficar lá.

2. Observe os limites físicos
Você perceberá limites físicos em toda a sua cozinha. Estou falando de gavetas, armários e afins, que fornecem espaços limitados para armazenamento. Com muita frequência, nós não gostamos desses limites e insistimos em espremer o máximo de coisas que podemos nesses compartimentos. Mas uma das maiores causas da bagunça nas nossas casas

é a tendência de colocar muitos objetos em um espaço pequeno demais, o que só serve para nos irritar da próxima vez que precisarmos abri-lo.

Em vez de reclamar dos limites físicos da sua cozinha, tente vê-los como orientações úteis sobre quanta coisa você deve ter. E pense em formas de fazer o melhor uso possível deles.

> ## VENERE TUDO QUE FOR MULTITAREFA
>
> Seja onde for na sua casa que você guarde seus utensílios de qualquer tipo (ferramentas, kit de jardinagem, utensílios de cozinha), existe uma estratégia que pode ajudá-lo a reduzir o número de itens: dar preferência a tudo que for multitarefa em vez de monotarefa.
>
> Utensílios multitarefa servem para muitas coisas, enquanto os monotarefa têm apenas um uso. Você provavelmente tem muitos utensílios de ambos os tipos na sua cozinha.
>
> De fatiadores de morango e omeleteiras a protetores de abacate e debulhadores de espiga de milho (sim, essas coisas existem), o utensílio monotarefa promete conveniência, mas raramente cumpre. Em vez disso, eles são caros e complicados. Poucos realizam uma tarefa que não possa ser feita perfeitamente com um utensílio de cozinha muito mais comum, como uma faca ou frigideira.
>
> Economize espaço e promova a simplicidade nos seus utensílios, livrando-se do maior número possível de itens monotarefa.

3. Desfaça-se de duplicatas e itens pouco usados

Avalie todos os itens da sua cozinha fazendo-se a mesma pergunta que se fez em todos os outros cômodos da casa. Não questione *Será que vou usar isso em algum momento?*, e sim *Eu preciso disso?*. Se raramente usa ou nunca usa determinado utensílio, uma tigela ou um recipiente de armazenamento, você sabe que é provável que não precise dele.

Aliás, recomendo manter um conjunto de potes com tampa que caibam uns dentro dos outros e descarte os demais.

4. Designe um local adequado para cada item
Designe gavetas para os talheres e utensílios; armários para pratos, potes, panelas, frigideiras e pequenos eletrodomésticos; e armários, despensas ou prateleiras para alimentos e aparelhos maiores e menos usados. Ao avaliar seus limites físicos e reduzir o número dos itens da sua cozinha, você verá que fazer isso é mais fácil do que imaginava.

5. Deixe as bancadas livres
Se suas bancadas estão constantemente bagunçadas, há uma boa chance de você estar mantendo nelas itens demais de uso diário (torradeira, cafeteira, bule, abridor de latas, porta-condimentos, suporte de facas, jogo de colheres de pau, tábua e coisas assim). Talvez você também deixe ali alguns dos seus ingredientes básicos, como farinha, açúcar, óleo de cozinha, sal e pimenta. Ou talvez um número grande de bugigangas. E provavelmente você pensa que se deixar essas coisas ali vai ser mais prático quando precisar delas.

É aí que a falácia da conveniência, mais uma vez, entra em jogo.

A realidade é que esses itens passam muito mais tempo sendo só bagunça do que sendo instrumentos necessários para o preparo de alimentos. Por exemplo, se fizer uma torrada no café da manhã, você levará cerca de três minutos para torrar o pão. Depois disso, a torradeira ficará sem uso pelas próximas 23 horas e 57 minutos. Deixar a torradeira onde está, criando distração visual, vale os poucos segundos que economizará pegando-a quando for preparar seu café? Pense em todas as vezes que precisou movê-la para limpar embaixo ou que teve que tirá-la para abrir espaço na bancada.

Em vez de deixar que esses eletrodomésticos fiquem ocupando espaço, encontre um lugar para eles em uma parte facilmente acessível da cozinha, como dentro de um armário ou em uma prateleira. Na nossa casa, por exemplo, colocamos a torradeira, a cafeteira e o bule em um armário ao lado da tomada. Tirá-los quando precisamos deles e guardá-los é um hábito que leva pouco tempo e deixa as bancadas livres o resto do dia.

O minimalismo de sua casa pode incluir tudo, até a pia da cozinha... literalmente! Guarde todos os produtos de limpeza (sabão, esponja e assim por diante) que ocupam a área da pia.

6. Purifique a despensa
O objetivo principal de uma cozinha é consumir (comida, é claro), e por isso guardam-se muitos produtos não duráveis em armários ou na despensa.

- Retire tudo e agrupe os itens por tipo.
- Coloque no local certo tudo que não pertencer à despensa.
- Limpe a despensa.
- Jogue produtos alimentícios antigos e vencidos no lixo.
- Comece a guardar os alimentos de volta na despensa distribuindo-os de forma lógica e agrupando pacotes de alimentos sempre que possível. Ao fazer isso, observe onde você precisa reduzir a quantidade de determinados alimentos, seja "consumindo" seu estoque ou doando pacotes fechados.
- Organize os itens em cestos, caixas ou organizadores transparentes para poder visualizar o que tem.
- Pense em como você deseja lidar com as compras de mantimentos de maneira diferente, para não ter tanta comida em sua despensa.

Cara a cara

Hoje em dia nossas casas oferecem muitos tipos diferentes de espaços onde comer. Uma bancada de cozinha com banquetas de bar. Uma mesa na copa ou na cozinha. Uma mesa de jantar formal. Uma mesa dobrável na sala. Uma mesa no deck ao lado de uma churrasqueira ao ar livre. Uma mesa de piquenique no quintal.

Antigamente, quando muitas casas maiores tinham empregados domésticos, a família comia em uma sala de jantar formal, enquanto os criados comiam na cozinha. Mas hoje menos casas têm criados regulares e, portanto, a maioria das famílias naturalmente prefere a conveniência e o aconchego de comer em uma mesa na cozinha ou ligada a ela. Ainda assim, nos Estados Unidos, cerca de dois terços das casas têm salas de jantar à parte.[8]

Inspiração
BOLINHOS QUENTES E AMANTEIGADOS

Esta manhã aconteceu algo que não teria acontecido seis semanas atrás.

Eu estava em pé na minha cozinha organizada, esperando meu café (café abençoado, é a única coisa que faz meus olhos abrirem pela manhã), e observei minha bancada brilhante. Só havia uma coisa: uma maçã grande, bonita e saudável. E ela não devia estar lá (uma das crianças deve ter esquecido), então eu automaticamente me mexi para guardá-la.

Mas espere aí! Eu estava na minha cozinha tranquila e recém-minimizada. Então peguei minha tigela. Sabia exatamente onde ela ficava, e estava limpa, e agora havia apenas duas (uma grande e uma pequena). Não tive que ficar procurando na gaveta de utensílios pelo misturador de massa, porque ele estava bem ali. E assim foi ao pegar a manteiga, na minha geladeira limpa, e a farinha, que eu havia colocado em uma gaveta para ficar à mão.

Em quinze minutos, eu tinha bolinhos de maçã e canela assando no forno — e a cozinha havia retornado ao seu estado imaculado. Esvaziei a lava-louça enquanto esperava os bolinhos terminarem de assar. Depois me sentei à mesa do lado de fora e comi um bolinho quente, recém-saído do forno, com lascas de manteiga derretendo sobre ele.

> E repito: *isso não teria acontecido antes*. A bancada estaria toda tomada pela desordem. Eu não me daria ao trabalho de limpar a cozinha só para cozinhar algo por capricho. A farinha teria estado inconvenientemente em um saco em algum lugar. Eu teria cinco conjuntos diferentes de medidores, mas não me pergunte onde. E como achar a canela? *Naquele* armário de especiarias? Seria mais rápido caminhar até o supermercado e comprar mais.
>
> Então, esta manhã foi um sinal óbvio para mim de que, sim, meus esforços de minimização estão valendo a pena. Nossa, isso é muito bom!
>
> Cindy, Canadá

Quantos e que tipos de espaços para refeições você tem em casa? O que há neles?

Se você tem uma sala de jantar, alguns dos maiores móveis da casa podem estar nela, talvez uma mesa de jantar, que possa ser estendida, um armário ou cristaleira para a louça e um aparador. Essa mobília ocupa muito espaço. Já fui recebido em residências onde havia tantos móveis na sala de jantar que era desconfortável entrar e sair do meu lugar à mesa. Longe de ser relaxante! Sua mobília da sala de jantar está ajudando na hospitalidade das refeições ou atrapalhando? Se você se livrou de algumas das coisas que guardava nesses móveis, talvez não precise mais deles.

Pode ser que você esteja guardando coisas além da conta. Talvez tenha um aparelho de jantar para o dia a dia, a louça que reserva para ocasiões especiais (e espera que as crianças não quebrem) e ainda conjuntos de pratos temáticos de Natal e de aniversário. Da mesma forma, deve ter dois ou mais de tudo: faqueiros (os do dia a dia e os sofisticados), pratos de servir específicos ou decorativos, e copos ou cristais: copos de água, taças de vinho, potes de sobremesa e muito mais. Talvez você tenha diferentes tipos de toalha de mesa e jogos americanos, porta-copos e caminhos de mesa prontos para decorar sua mesa de acordo com a sua vontade. E quanto aos guardanapos de pano e anéis de guardanapo? Você tem mais jogos deles do que provavelmente será capaz de usar? Além disso, há os itens de decoração: centros de mesa adequados para cada estação do ano e festividade, velas e castiçais, vasos, fruteiras... O que mais?

> Só porque você tem espaço não significa que deve preenchê-lo com coisas.
> #casaminimalista

É claro que certa flexibilidade na arrumação de uma mesa pode ser útil. Mas você realmente precisa de tudo isso? Se não usa a maior parte do que tem, será que não está só acumulando poeira e desperdiçando espaço? Se um objeto fica parado por mais de onze meses do ano, ele é realmente necessário?

Lembre-se de pensar no que você está tentando realizar nessa sala. Presumo que queira criar um espaço para refeições que seja confortável, intimista e tranquilo para a sua família e para quaisquer convidados que possa receber de vez em quando. Você pode estar indo além desse propósito ao conservar todos esses itens na sala de jantar. Por exemplo, está tentando impressionar os outros com todas as coisas extravagantes que usa apenas uma ou duas vezes por ano? Tim Chester diz: "O foco de receber os outros é impressioná-los; o foco da verdadeira hospitalidade é servir às pessoas."[9] Qual é o foco que sua sala de jantar transmite?

Sentar-se com os outros para uma refeição é algo lindo. Afinal, onde mais nos encontramos cara a cara com um grupo de pessoas queridas e com tempo para conversar? Mas não precisamos de muito para tornar a ocasião memorável. Nossa sala de jantar atual contém três coisas: uma mesa com oito cadeiras, uma peça de arte na parede (presente de casamento da minha irmã) e duas pequenas prateleiras decorativas. Isso basta para nós. Sua lista vai ser um pouco diferente, mas comece a pensar em como poderia minimizar sua sala de jantar até que o espaço cumpra *exatamente* o propósito que você quer — e nada além disso.

★ MINIMIZANDO A SALA DE JANTAR — PASSO A PASSO

Espero que simplificar sua sala de jantar não seja muito difícil (e que seja mais fácil do que a cozinha, pelo menos). E, se você comer lá três vezes ao dia, então três vezes ao dia poderá desfrutar da paz que criou nesse ambiente!

1. Realoque itens que não pertencem à sala de jantar
Quando temos uma sala de jantar que não costumamos usar ou que tem móveis com muito espaço disponível, ficamos tentados a guardar coisas que não têm nada a ver com as refeições. Então entre na sua sala de jantar e procure itens que você deve colocar em outros lugares da casa. Se estiver apenas guardando certos itens ali, sem usá-los, por que não se livrar deles de uma vez?

2. Limpe a mesa da sala de jantar
Assim como as bancadas e balcões de cozinha, muitas mesas de jantar tornam-se depósitos de correspondências, bolsas, chaves, livros e outras coisas que estão em processo de ir de um lugar para outro. Infelizmente, se a sua mesa tiver a quantidade de bagunça que já vi em algumas por aí, usá-la para uma refeição pode parecer trabalhoso demais para valer a pena.

Coloque os itens nos seus devidos lugares. Faça da mesa um espaço limpo e aberto que diga: "Estou pronta para sua próxima refeição. Reúna as pessoas queridas e venham comer juntos!"

3. Reconsidere os itens de decoração
Dê uma olhada nos itens de decoração. Quais são os mais significativos para você e sua família? Quais não são? É hora de levar o conjunto antigo

de copos que você herdou para uma loja de artigos de segunda mão? Há tantas peças de arte, quadrinhos e enfeites nas paredes que a sala parece abarrotada, em vez de bonita? Você realmente precisa de todas essas plantas, falsas ou reais? As bugigangas nas prateleiras são mais confusas do que cativantes? Talvez as próprias prateleiras possam ser retiradas.

4. Remova móveis desnecessários
Finalmente, procure por móveis grandes que podem ser retirados da sala de jantar para abrir espaço. Talvez haja uma mesa lateral, bufê ou cristaleira de que você não precise de verdade. Tome medidas para se desfazer dessa peça, o que abrirá muito espaço de uma vez e completará a minimização da sua sala de jantar.

Alimentando a alma

A cozinha e a sala de jantar formam o coração da casa. São os lugares onde nossos corpos e almas são alimentados simultaneamente. Tornamos esses cômodos mais eficientes não quando os lotamos com todos os utensílios e enfeites disponíveis nas lojas, mas aliviando-os do fardo de ter objetos em excesso. Que tal deixar as pessoas que amamos serem o centro das atenções nesses espaços, e não um monte de louças e utensílios desnecessários?

> Imagine a casa dos seus sonhos. Aposto que não é desorganizada. **#casaminimalista**

Os benefícios de minimizar a cozinha e a sala de jantar superam em muito o esforço. Não menospreze o que você receberá em retorno: quando gasta menos tempo cuidando de uma cozinha desordenada, você tem mais tempo para preparar refeições nutritivas e deliciosas para a sua família e para ficar conversando na mesa de jantar. Quando você não sobrecarrega sua família e seus convidados com um monte de enfeites, peças e utensílios chiques, eles ficam mais à vontade nas refeições.

Cozinhar e comer podem ser algumas das necessidades humanas básicas para a sobrevivência, porém, ao abrirmos espaço para as pessoas queridas em nossas cozinhas e nos locais de refeição, nós exaltamos os relacionamentos ao expandir a todos as oportunidades de dar e receber amor.

Checklist da minimização

Como saber se você já se livrou o suficiente da bagunça e do excesso em sua cozinha e sala de jantar? Faça a si mesmo estas perguntas:

Em relação à cozinha...
- [ ] É fácil manter minha cozinha limpa? Ela é segura?
- [ ] Este é um espaço em que gosto de cozinhar?
- [ ] Os utensílios que uso com mais frequência são fáceis de pegar?
- [ ] Eu acabei com a confusão visual das bancadas e superfícies?
- [ ] Minha cozinha promove hábitos alimentares saudáveis?
- [ ] Este espaço encoraja atitudes otimistas pela manhã?

Em relação à sala de jantar...
- [ ] Minha sala de jantar oferece liberdade para se movimentar, em vez de ser apertada e incômoda?
- [ ] Ela é propícia às refeições em família, um lugar onde podemos conversar sobre o dia?
- [ ] Ela me encoraja a demonstrar hospitalidade com os outros?

8
Libertando a mente

Organizando o home office

Durante muitos dos meus primeiros anos como defensor do minimalismo, eu trabalhava na mesa de jantar, afastando meu notebook e os papéis em que estivesse trabalhando quando chegava a próxima refeição. Trabalhar em casa era uma maneira simples de ser produtivo — e era muito bom ficar perto da minha esposa e estar disponível para os meus filhos pequenos! (Sem mencionar como era conveniente não precisar pentear o cabelo e só ter que andar preguiçosamente até a mesa com uma xícara de café para trabalhar toda manhã.) Hoje em dia alugo um pequeno escritório, porque acho que ficar um pouco afastado de casa me ajuda a me concentrar mais no trabalho. Mas às vezes ainda opto por trabalhar na mesa de jantar, e gosto de fazer isso.

Cada vez mais pessoas administram algum negócio de suas casas, seja ele um trabalho em período integral ou uma atividade extra. Meu vizinho vende coisas no eBay. Um amigo faz anúncios de Facebook para empresas. Conheço pessoas que vendem pneus de moto e "equipamentos de sobrevivência" (o que quer que isso signifique) de suas casas.

Muita gente com empregos mais tradicionais leva trabalho para casa para terminar à noite. Além disso, um número cada vez maior de pessoas vem fazendo acordos com seus empregadores para realizar parte do trabalho remotamente durante as horas de trabalho regulares, e estão fazendo isso por períodos mais longos durante a semana.[1] A revolução digital ajudou a iniciar uma revolução no local de trabalho, e o aumento do tempo de deslocamento até a empresa faz com que trabalhar em casa seja mais eficiente e interessante. Mas isso impõe novos problemas em termos de bagunça.

Ao mesmo tempo, todos temos contas para manter em dia. Boletos para pagar. Documentos para guardar. Orçamentos para acompanhar. Investimentos para pesquisar. Impostos para calcular. Horários para organizar.

POR QUANTO TEMPO GUARDAR DOCUMENTOS

A seguir, apresento orientações gerais. As regras podem variar de área para área, e as circunstâncias individuais podem afetar suas escolhas. Quando surgir uma dúvida, busque o aconselhamento de um contador, advogado ou outro especialista.

Pelo resto da vida...
- certidões de nascimento e óbito;
- certidões de casamento;
- sentenças de divórcio;
- documentos de previdência social;
- papéis de dispensa do serviço militar;
- documentos relativos ao imóvel onde mora;
- apólices de seguro de vida;
- arquivos jurídicos;
- documentos de identidade;
- passaportes.

Por sete anos...
- declarações de imposto de renda (ou por mais tempo, se contiverem erros);
- outros documentos relativos a impostos.

Por um ano ou mais...
- documentos de empréstimo (depois de ter sido pago);
- documentos do carro (depois de vender seu veículo);
- escrituras da casa (depois de vender a casa);
- documentos de hipoteca (depois de pagá-la);

- confirmações de troca de investimento (depois de vender o investimento);
- extratos mensais do banco e do cartão de crédito (a menos que possa acessá-los on-line).

Por menos de um ano...
- recibos de caixa eletrônico, de depósito bancário e de saque (até você bater com o extrato mensal);
- recibos de cartão de crédito (até você conferir com a fatura mensal);
- apólice de seguro (até que a nova chegue);
- declaração de investimento (até chegar uma nova);
- contas de serviços públicos, TV a cabo e celular (até verificar que os pagamentos já foram feitos, ou por mais tempo, se você for deduzir essas despesas dos impostos).

Crianças em idade escolar precisam de um lugar adequado para fazer seu dever de casa, ou vão pedir o computador da mãe emprestado para as pesquisas.

Já me disseram que algumas pessoas usam o computador para jogar.

Por conta disso, muitos de nós acabam tendo algum tipo de escritório em casa. Pode ser um cômodo só para isso, uma mesa no canto de um quarto ou uma mesa de jantar, mas, sem dúvida, sempre temos algum lugar que usamos para trabalhar em casa. E é uma das áreas que tendem a acumular muitos itens pequenos e objetos desnecessários. Em outras palavras, são os metros quadrados perfeitos para uma reforma minimalista.

Algumas pessoas acreditam que ter um escritório confuso e lotado significa que a pessoa é ocupada e produtiva. "Meu escritório está uma bagunça, mas sei onde fica tudo" é um mantra comum. Infelizmente, na maioria das vezes, um escritório bagunçado é indício de profissionais desorganizados, sem foco e estressados, que não conseguem cumprir prazos e não têm controle das situações. A boa notícia é que podemos evitar esse tipo de experiência desanimadora em nosso home office com a minimização.

Minha amiga Marie Kenney tem uma opinião sobre bagunça no escritório que deve ser a mesma da maioria das pessoas, se elas forem honestas. "Eu não consigo trabalhar ou ser criativa em um ambiente desordenado", disse ela. "Um espaço limpo e arrumado, quase vazio, me permite pensar com muito mais clareza!"

Ao liberar espaço em seu escritório, você se sentirá em paz e poderá fazer seu trabalho com mais eficiência. Além disso, acredito que também descobrirá que deixou sua mente livre para pensar com mais clareza, tomar decisões melhores e planejar melhor, de modo que, em vez de se sentir à mercê dos negócios e da sobrecarga da vida moderna, você será mais proativo em relação ao futuro. Vale a pena organizar alguns arquivos e jogar fora algumas duplicatas de material de escritório, não acha?

★ MINIMIZANDO SEU HOME OFFICE — PASSO A PASSO

Antes de minimizar seu espaço de home office, pense em como quer que ele funcione. Você administra um negócio ali? Ou o usa apenas para cuidar das contas de casa? Você quer que ele seja inspirador, que incentive a criatividade e os sonhos, ou prefere que seja prático e tenha bastante espaço livre? É um local para ler um livro ou beber algo, mais um refúgio do que um simples escritório? É para toda a família ou apenas para os pais?

Para muitas pessoas, o home office pode se tornar um espaço comum, usado para muitas atividades diferentes. Defina bem os propósitos do seu, e ficará mais fácil decidir o que manter e do que se desfazer.

1. Esvazie prateleiras, gavetas e armários
Muitas gavetas e armários em nossos home offices armazenam tantas coisas que quase parece que somos donos de uma papelaria.

Para começar, temos os acessórios de computador: cabos específicos, que um dia foram utilizados em sabe-se lá qual equipamento, pen drives, uma impressora antiga que você não usa mais, tinta para essa impressora antiga, manuais de equipamentos de informática atuais e antigos. Livre-se de qualquer coisa obsoleta ou desnecessária. Os manuais do seu computador e da impressora provavelmente estão disponíveis on-line, então por que não reciclá-los? Por que não usar o backup na nuvem? Assim você pode jogar fora aquele HD externo velho. (Por favor, recicle o lixo eletrônico de maneira responsável.)

Além disso, há o material de escritório. Aqui, você deve distinguir entre *equipamentos* (bens duráveis) e *suprimentos* (bens não duráveis).

- No que diz respeito a equipamentos, você provavelmente precisa de apenas um de cada tipo. Um grampeador, um suporte para fita adesiva, um apontador de lápis, por exemplo. Então aqui a regra das duplicatas entra em cena — mantenha o que for melhor e livre-se do resto.

    Ou talvez você nem precise de algumas categorias de equipamentos. Quando foi a última vez que usou aquele perfurador de três furos? Já que tem um aplicativo de calculadora no celular, que tal se livrar da sua calculadora também?

- Quando se trata de não duráveis — papel, envelopes, pastas de arquivo, etiquetas, clipes de papel, Post-its, canetas, lápis, canetas marca-texto coloridas, fitas adesivas, grampos e assim por diante —, pode fazer mais sentido ter vários, porque você presume que vai usá-los com o tempo. Muitas vezes, no entanto, demoramos a usar esse tipo de material. Portanto, faça os cálculos: mantenha materiais suficientes para o período de um ano; mais do que isso talvez seja excesso. Se eles distraem você, elimine parte deles. Quanto ao resto, guarde-os.

Se você examinar as gavetas do meu escritório, encontrará uma resma de papel para impressora, uma pequena caixa de envelopes pré-impressos, uma pilha de planners Moleskine marcados e uma pasta de papelão que uso todos os dias. Tenho apenas três canetas (uma na minha bolsa, uma na minha gaveta e uma caneta pilot, que uso em viagens para autografar livros). Além disso, mantenho uma caixa plástica com registros financeiros. Fora isso, não tenho mais nada nas gavetas. (Bem, talvez alguns lanchinhos.)

Você pode ter necessidades diferentes das minhas quanto aos materiais, mas aposto que não precisa de tudo que tem em seu escritório.

2. Reduza o número de livros nas suas prateleiras
Você pode ter estantes em mais de um cômodo da sua casa, como na sala de estar ou no quarto. O escritório é certamente um lugar provável para armazenar livros. Como decidir quais guardar e quais doar?

É bem fácil. Deixe-me sugerir quatro categorias para seus livros, não importando em qual cômodo você os mantenha:

- Livros que você tem, mas nunca leu e não acredita, para valer, que vá ler. Não os guarde para a possibilidade de "um dia" lê-los. Doe-os hoje.
- Livros que você leu, mas nunca vai voltar a ler. Doe também.
- Livros que leu e que influenciaram sua vida. Mantenha-os. Ou melhor ainda: empreste-os a alguém que possa tirar o máximo proveito deles.
- Livros que já leu e sabe que vai querer reler. Fique com esses exemplares, claro.

As prateleiras parecem melhor agora?

3. Simplifique as paredes
Não sei por quê, mas os escritórios podem ser alguns dos espaços com a decoração mais exagerada da casa.

Avalie de verdade as paredes do seu home office. Elas estão cheias de fotos, quadrinhos ou placas com mensagens inspiradoras? Você tem uma "parede do ego" com diplomas e certificados? Tem prateleiras com uma infinidade de pequenos objetos? Livre-se de qualquer coisa que distraia mais do que ajude. Enquanto estiver fazendo isso, talvez possa retirar logo algumas prateleiras ou até mesmo um quadro branco ou um quadro de avisos de que não precisa.

4. *Verifique seus arquivos*
Quando se depara com algum papel do qual acha que precisa, mas não tem certeza, é muito fácil decidir: *Vou arquivar*. Problema resolvido, certo? O documento está fora de vista, mas ficará disponível se você quiser pegá-lo depois.

Na verdade, cria-se um problema, porque essa tendência nos leva a guardar muito mais papel do que precisamos. A maioria deles não é necessária ou poderia ser armazenada de outro modo. Além disso, se precisarmos de algum desses papéis um dia, será difícil encontrá-lo em meio a tantas coisas.

> O primeiro passo para criar a vida que você quer é se livrar de tudo aquilo que você não quer. **#casaminimalista**

Para guardar documentos, você precisa de arquivos com pastas suspensas, etiquetas e os armários de arquivo em si. Tudo isso ocupa espaço. E ainda deixa na sua mente a inquietante sensação de que há um monte de papéis armazenados nessas gavetas e que, em algum momento, você terá que enfrentar todos eles de novo.

O momento certo é agora. Examine os documentos e elimine tudo de que não precisa. Você pode ler mais sobre esse tema importante em "Por quanto tempo guardar documentos" nas páginas 136-137.

5. *Remova móveis e acessórios dos quais não precisa mais*
Você já eliminou documentos antigos ou desnecessários o bastante para que possa se livrar daquele gaveteiro de aço horrível que usa para guardar arquivos? Ótimo! Faça isso.

Você pode dispensar aquele aparador que ocupa muito espaço? Pode se desfazer de uma estante? Pode deixar apenas duas cadeiras — uma com a mesa e outra para um visitante? Vá em frente. Talvez haja um local que receba doações ou uma loja de móveis de escritório usados que ficariam felizes em tirar essas peças da sua casa.

Enquanto faz isso, que tal remover outros objetos, como TV, aparelho de som, luminária, frigobar, relógio ou porta-revistas?

Depois de tirar os maiores itens, seu escritório vai parecer mais espaçoso e tranquilo.

6. Dê a si mesmo de presente uma mesa de trabalho livre

A mesa de trabalho é uma área onde a falácia da conveniência costuma imperar. Sua mesa está cheia de coisas que você acha que precisa ter à mão? O que tem nela? Uma impressora? Telefone? Canetas e lápis? Pedacinhos de papel com algum lembrete rabiscado para você mesmo? Um relógio? Fotos? Vasos de plantas? Uma bandeja para papel abarrotada? Brinquedinhos para ajudar a manter o foco? Lembranças bobas de viagem? Caneca de café ou garrafa de água?

Seja ousado e livre-se de tudo que não for necessário. Você realmente precisa do relógio, já que pode ver a hora no computador e no telefone? Só é possível usar uma caneta e um lápis de cada vez, então não é suficiente ter um de cada em mãos? Se não precisar mais dos papéis, jogue-os no lixo. Plantas são ótimas — mas não em excesso.

Se não conseguir se livrar de algum objeto, pode colocá-lo em um local mais adequado? (Deixe a caneca na cozinha, por favor.) Ou guardá-lo em uma gaveta ou prateleira que você já minimizou?

Quando estiver satisfeito e só restar na sua mesa de trabalho coisas de que você realmente precisa ou que deseja muito mesmo manter ali, organize-as com cuidado e limpe a área. Por fim, aproveite a vista arejada e desobstruída para a criatividade que isso propicia.

Acabe com a papelada inútil

O papel é um dos maiores culpados pela desordem em uma casa, principalmente no home office. Em geral é lá que vão parar os jornais, folhetos publicitários e outras correspondências. Nós geramos ou levamos para casa pilhas de papel para projetos de trabalho. Guardamos demonstrações financeiras de bancos e empresas de investimentos, correspondências de companhias de seguros e fornecedores de serviços médicos, registros de veículos, recibos de doações para ONGs, recibos de impostos de anos anteriores e sabe-se lá mais o que. Esses papéis ficam espremidos em pastas, pendurados em armários, presos em fichários, soltos e empilhados ou guardados em caixas, pegando poeira e ficando amarelados.

Um único papel não ocupa muito espaço, mas os milhares ou até dezenas de milhares que guardamos podem consumir muito espaço. E mais do que isso: eles contêm tantas informações variadas e são tão difíceis de organizar que o mero fato de existirem em quantidade cria um fardo mental muito desproporcional ao seu tamanho físico.

> ### Valor da casa minimalista
> ### TRABALHO
>
> Um dos valores da casa minimalista no capítulo dedicado ao quarto era o *descanso*. Outro valor minimalista é aparentemente o oposto: o *trabalho*. Mas não trabalho frenético. Trabalho tranquilo e com propósito. Eficiente e eficaz.
>
> O trabalho, seja remunerado, voluntário ou criativo, é grande parte do que fazemos aqui neste mundo. Ele forma nossa dignidade e nossa independência, ao mesmo tempo que evoca nossos instintos generosos, pondo-nos em uma posição em que podemos ajudar os outros.
>
> Em todas as áreas, o minimalismo maximiza o nosso potencial. E isso é especialmente importante ao minimizar o

> home office, pois transforma esse espaço em um ambiente que nos ajuda a trabalhar mais e melhor com menos estresse. Fazer isso pode realmente transformar o legado que deixamos.
> Para muita gente, *trabalho* é apenas uma palavra, mas não deve ser assim. Lembra-se da emoção de começar sua carreira? Deixe o minimalismo ajudá-lo a se apaixonar novamente pelo trabalho.

Acabe com a papelada. Ataque os papéis e não desista até que os únicos documentos deixados em seu home office sejam os que precisam estar lá e você saiba exatamente onde encontrá-los.

Ao minimizar o acúmulo de papéis em seu escritório, lembre-se das três categorias a seguir, pois elas devem abranger todos os documentos com os quais estiver lidando:

- papéis que você deve manter (pelo menos por enquanto);
- papéis dos quais pode se livrar;
- papéis que você pode converter em armazenamento digital.

Sobre os sobreviventes da purificação de papel
Talvez você tenha muitos papéis de projetos de trabalho já concluídos e deve poder se livrar deles, mas provavelmente quer manter a papelada referente ao seu projeto atual.

Você não precisa de todas as provas e trabalhos que seus filhos fizeram nos últimos anos, mas talvez queira manter alguns que sejam especiais.

Você não precisa daqueles recibos de 2006, mas talvez queira manter os recibos deste ano.

Quando se perguntar *Eu realmente preciso disso?* a respeito dos seus papéis, seja firme nas respostas, porque na maioria das vezes a resposta deve ser não. Porém, quando *for* sim, coloque o papel no lugar certo e certifique-se de que esteja bem identificado para que possa encontrá-lo novamente. (Você vai descobrir que manter apenas uma quantidade mínima de papéis torna a organização muito mais fácil.) Use um cofre para os documentos realmente importantes.

Para a lixeira de reciclagem
Depois de fazer uma pilha de documentos antigos ou outros papéis de que não precisa mais, jogue-os na lixeira de reciclagem. É muito melhor uma lixeira cheia (por enquanto) do que arquivos e armários lotados de papéis que não têm mais utilidade para você.

Muitos aparelhos que são vendidos para home offices não são de fato necessários, mas um que pode servir ao minimalismo é um triturador de papel. Use o seu para destruir documentos que revelem informações financeiras ou outras que também sejam confidenciais. Se tiver uma grande quantidade de papel para picar, você pode usar os serviços de uma empresa profissional em destruição de papel. É claro que, se for só um pouquinho, opte por rasgá-los você mesmo — é o que eu faço.

Do papel para os pixels
Muitos documentos você não precisa ter em formato físico, mas não seria bom se livrar dos dados que estão neles. A solução mais fácil é digitalizá-los e salvar em PDF no computador, depois destruir ou reciclar os originais em papel. Em formato digital, eles não ocupam espaço no escritório e são fáceis de pesquisar quando necessário, além de ser possível enviar por e-mail. Se, no futuro, você decidir que não precisa deles, mesmo em formato digital, poderá excluí-los com um clique.

Lembre-se destas dicas:
- Certifique-se de usar um bom sistema de nomenclatura de arquivos para encontrar o documento desejado durante a pesquisa.
- Certifique-se de fazer o backup dos seus documentos em pelo menos um lugar ou, melhor ainda, em dois.
- Para documentos com informações confidenciais, considere o uso de proteção por senha.

Se ainda não tentou essa solução, acredito que logo vai perceber que é muito fácil digitalizar rapidamente um grande número de documentos. Se tiver um scanner, um aplicativo de digitalização no telefone ou uma impressora multifuncional que digitalize, poderá fazer isso sozinho. Se não tiver um scanner ou não quiser perder tempo fazendo isso, existem empresas que fazem esse trabalho por você. Basta pesquisar por "serviços de digitalização de documentos". Além disso, algumas empresas permitem que você alugue scanners de escala comercial por um curto período.

Desordem digital

A digitalização de informações é uma ótima maneira de reduzir a necessidade de papel no escritório. Você também pode economizar espaço na sua casa digitalizando fotografias ou passando o conteúdo de CDs ou DVDs antigos para o computador e guardando os originais longe da vista.

Em geral, a revolução digital tem sido um grande impulso para o movimento minimalista, o que é uma coisa linda, uma vez que o problema do acúmulo de coisas da nossa sociedade atingiu dimensões críticas. Mas isso não significa que nossos dispositivos digitais (computadores ou laptops, tablets, smartphones) não poderiam se beneficiar com a minimização. Afinal, eles também podem virar uma bagunça. E bagunça digital ainda é bagunça. Além disso, pode ser uma distração.

> É melhor fazer coisas do que ter coisas.
> **#casaminimalista**

Craig Link, do Reino Unido, autoproclamado "minimalista digital", chegou ao minimalismo como muitos de nós. Ele vivia comprando por impulso, comendo de forma prejudicial à saúde e usando o tempo livre para alimentar seus vícios em TV e videogame... até que enfim percebeu que precisava simplificar radicalmente sua vida. Ele estendeu o minimalismo até mesmo à sua amada tecnologia. Craig disse:

Só depois que consegui simplificar minha vida que percebi com que urgência precisamos do minimalismo nos dias de hoje. Na verdade, ele pode ser mais relevante e mais importante hoje do que em qualquer outro momento da história.

Algumas pessoas adoram ver a tecnologia evoluir, e outras se ressentem dela. De qualquer maneira, a realidade é que ela não vai desaparecer tão cedo, assim como nunca estará efetivamente finalizada.

Mas, como entusiasta da tecnologia, acredito que, se usados de acordo com os princípios do minimalismo, os computadores, os smartphones e a digitalização podem ajudar a simplificar uma vida complexa.[2]

Talvez você não precise de todos os dispositivos que tem. Talvez ainda tenha seu antigo notebook mesmo depois de ter comprado um novo... É hora de se livrar do antigo. Talvez você não use mais aquele tablet... Desfaça-se dele. Talvez agora ouça música no seu telefone e não precise mais daquele MP3 player velho.

Depois de reduzir seus dispositivos ao número ideal, use estas dicas para minimizá-los e evitar distrações:

- Remova o máximo possível de ícones da sua área de trabalho.
- Desinstale softwares de que não precisa.
- Exclua arquivos desnecessários da sua pasta Documentos. (Se não quiser excluí-los completamente, pelo menos mova-os para uma pasta de arquivamento para que eles não sobrecarreguem a pasta mais usada.)
- Desenvolva uma estrutura de pastas simples mas lógica, para conseguir encontrar os documentos que deseja facilmente.
- Cancele o cadastro em blogs, boletins informativos por e-mail e anúncios que não atendem mais aos seus interesses.
- Exclua marcadores da internet, cookies e arquivos temporários de que não precisa mais.

- Exclua os aplicativos de que não precisa, lembrando que, se precisar deles no futuro, você sempre poderá baixá-los novamente. Coloque apenas os aplicativos mais importantes (como calendário e telefone) na tela inicial. Deixe o resto em pastas na sua segunda tela.
- Desative notificações, incluindo notificações *Push* de mídias sociais e alertas de som do e-mail.
- Certifique-se de que seus filtros de spam estejam funcionando.
- Exclua fotos que são de baixa qualidade ou desnecessárias.
- Exclua músicas e filmes que não escuta ou vê.
- Inscreva-se em um gerenciador de senhas para que não precise guardar um monte delas.

Depois de minimizar os dispositivos, é mais fácil seguir práticas que o ajudem a usá-los com menor frequência.

Muitas pessoas usam a tecnologia de maneira obsessiva. Não é totalmente culpa delas, já que os desenvolvedores de aplicativos fazem de tudo para que se tornem um hábito.[3] Você sabia que o celular de um usuário médio toca mais de duas mil vezes por dia?[4] É possível trabalhar melhor criando limites entre você e sua tecnologia. Verifique o e-mail e entre nas suas redes sociais favoritas apenas duas vezes por dia. Desligue o telefone, coloque-o fora do alcance ou no modo silencioso quando não precisar ou não quiser que outras pessoas o interrompam. Mude a tela do seu celular para uma escala de cinza, de modo que as cores vibrantes dos ícones dos seus aplicativos não sejam muito tentadoras. Não suponha que consegue acompanhar tudo no seu *feed* do Twitter e não sinta que precisa aceitar solicitações de amizade de todo mundo que quiser postar vídeos de animais de estimação no seu mural do Facebook. Entre em menos grupos, jogue menos jogos, faça menos testes e converse menos.

Se tiver filhos, defina limites para o uso do computador do seu home office. Decida com eles quanto tempo podem gastar e o que podem fazer no computador. Instale um software de filtro de conteúdo para evitar que sejam expostos a material inapropriado.

Conspirando pelo bem

Os benefícios de um home office minimizado aparecem em dois níveis. O primeiro tem a ver com ser mais eficiente no trabalho (seja trabalho remunerado ou tarefas domésticas): encontrar rápido o que quer, evitando desperdiçar tempo e se distrair. Minimizar seu home office permite que esse cômodo cumpra o papel que deveria cumprir. E isso é ótimo. O segundo nível é ainda melhor! Trata-se de abrir espaço para planejar um futuro melhor.

Fala-se muito sobre manter o controle do nosso trabalho. Com um escritório minimizado, você pode manter o controle de qualquer trabalho que faça. E este é o segredo: quando você está no controle, consegue enxergar mais. Pode prever problemas, sonhar com possibilidades e começar a tomar medidas para conquistar o que deseja.

Depois de pagar as contas do mês de forma eficiente, talvez possa dedicar algum tempo para criar o controle de orçamento familiar que sabe que deveria ter.

Após atualizar rapidamente a agenda da sua família no seu aplicativo de calendário, talvez você possa checar a programação do próximo ano e reservar uns dias no resort que prometeu aos seus filhos.

Talvez, depois de entrar no seu home office em um sábado de manhã e perceber que está totalmente em dia com as tarefas programadas, você possa planejar como iniciar aquele negócio de meio período no qual pensava.

Além de todas essas possibilidades, permita-me sugerir mais uma: encontre um momento de tranquilidade para se sentar em seu escritório minimizado e tranquilo e sonhar em como pode tornar o mundo um lugar melhor. Se o minimalismo ajudá-lo a poupar seu dinheiro, você vai doar uma parte dele para uma boa causa? Com mais tempo disponível, a quais paixões você poderia se dedicar?

Em outras palavras, em vez de usar seu escritório apenas para planejar como ganhar dinheiro ou gastá-lo, use-o para propagar o bem. Faça com que o cerne de sua missão pessoal seja retribuir algo à sociedade. Sonhe com o que pode fazer com sua vida recém-libertada.

Inspiração
VENCENDO O MONSTRO DAS DÍVIDAS

Quando minha esposa e eu nos casamos, eu tinha dívidas de cinquenta mil dólares em empréstimo estudantil, 17 mil dólares em financiamento do carro e cerca de quatro mil dólares em cartões de crédito. Nos Estados Unidos, infelizmente esses são os valores típicos das dívidas de alguém que acabou de se formar na faculdade. Mas é um valor alto demais para começar um casamento.

Minha esposa e eu nos mudamos para um apartamento e começamos a trabalhar imediatamente. Depois de um ano de casados, nos sentamos e começamos a planejar um orçamento. Minha esposa, que era minimalista antes de mim, muitas vezes me ajudou a repensar meus desejos consumistas. Comecei a me sentir envergonhado com a dívida do meu cartão de crédito, sabendo muito bem que ela estava certa: eu havia gastado muito dinheiro em coisas de que não precisava.

Nos quatro anos e meio seguintes, gastamos quase todo o dinheiro que sobrava para pagar nossas dívidas. O dinheiro que, antes, eu desperdiçaria em coisas sem sentido, agora estava sendo direcionado para algo importante. Por termos escolhido o minimalismo, conseguimos pagar o empréstimo estudantil (nossa maior dívida) a tempo do nascimento da nossa filha.

O minimalismo permitiu que focássemos em nos livrar das dívidas que tínhamos, então agora podemos nos dedicar a sermos pastores da nossa igreja e nos concentrar na nossa família sem as distrações de dívidas inconsequentes ou itens desnecessários.

Dan, Estados Unidos

Checklist da minimização

Como saber se você já se livrou o suficiente da bagunça e do excesso em seu home office? Faça essas perguntas a si mesmo:
- [ ] Este espaço me encoraja a focar no meu trabalho?
- [ ] As ferramentas e materiais que mantenho nele me ajudam a trabalhar melhor ou estão me atrapalhando?
- [ ] Este espaço me convida a curtir o trabalho que eu faço?
- [ ] Os meus arquivos em papel estão organizados de uma maneira que faça sentido para mim?
- [ ] Este espaço de trabalho é conveniente e eficiente para todas as pessoas que o utilizam além de mim?
- [ ] A tecnologia ao meu redor resolve os problemas ou só os aumenta?
- [ ] Este espaço é fácil de manter? Deixei espaço suficiente em armários e gavetas para guardar as coisas no fim do dia?

9
Desonere-se do passado

Organizando as áreas de armazenamento
e lazer e o quarto de brinquedos

Nunca antes os seres humanos tiveram tanta coisa em suas casas. Pesquisas apontam que uma casa norte-americana média tem trezentos mil itens em seu interior.[1] Mesmo que sua casa tenha apenas metade ou um terço disso, ainda é um número inacreditável, não é? Quando digo que você deve tocar todos os objetos que está pensando em eliminar, isso significa que são muitos objetos para tocar (mas você ficará grato por fazer isso). Esses itens estão espalhados pela casa, mas um número desproporcionalmente grande deles fica guardado nas áreas de armazenamento que temos em casa: um sótão, um porão, um armário ou o que quer que seja.

Em sua maioria, esses itens armazenados não são bens não duráveis. São bens duráveis que não usamos e nem mesmo olhamos com frequência... E isso é um sinal de que muitos deles são candidatos a serem minimizados. Se um desses objetos não passar pelo teste do *Eu preciso disso?* e ainda assim decidirmos mantê-lo, temos um problema. Guardar algo é bom, mas guardar demais é um erro.

Vivemos lidando com a tentação de continuar a usar os espaços de armazenamento para mascarar nosso "problema com as coisas". O que os olhos não veem o coração não sente, certo? Parece bem mais fácil continuar adiando até "um dia desses" aquele trabalho pesado que você sabe que vai ter para organizar tudo que está guardado. Então vamos ali fazer qualquer outra coisa...

Pode parar aí.

A escolha mais difícil (porém, mais inteligente) a fazer é reduzir drasticamente o número de coisas que você está guardando e depois mudar sua atitude sobre o armazenamento de itens desnecessários para que você nunca mais volte a acumular tanto em seus espaços de armazenamento. Lembre-se: nosso objetivo é a casa inteira. Sim, há muitos itens nesses locais e, portanto, a ideia de remover um grande percentual deles pode ser assustadora, mas você os trouxe para casa e pode tirá-los novamente. Isso é possível. Confie em mim.

Em 2008, eu tinha feito um bom trabalho no porão da nossa casa em Vermont, ao menos era o que pensava. Porém, três anos depois, quando nos mudamos para uma casa menor no Arizona, sem porão, fiquei chocado com a quantidade de coisas de que ainda poderíamos nos livrar. Foi então que entendi o que costumávamos fazer: em vez de tomar as decisões de nos desfazermos dos itens, um de cada vez, quando se tornavam desnecessários, tínhamos escondido muitos deles no porão, adiando o acerto de contas por mais um dia. Na preparação para a mudança, acabei avaliando todo o excesso de coisas guardadas e fiquei grato por ter feito isso. Mas, antes de terminar, comecei a chamar nosso porão de "a área definitiva do *só porque eu tenho espaço*".

> ### DEVEMOS ALIMENTAR OS ATERROS SANITÁRIOS?
>
> Se não for possível vender, doar ou reciclar algo, a única opção que resta para minimizar nossos objetos indesejados é jogá-los no lixo, ou seja, iniciar a jornada deles até o aterro sanitário. Quando temos um monte de objetos para eliminar de uma vez, como é o caso ao esvaziarmos um espaço de armazenagem, é possível alugar uma caçamba de lixo para fazer uma remoção eficiente. E isso faz muita gente hesitar.
>
> Eu entendo. Quem quer contribuir para aumentar a "montanha de lixo" do planeta mais do que o necessário?
>
> Meu conselho é: tente ao máximo usar outros métodos para eliminar os itens de sua casa, mas, ao mesmo tempo, não deixe sua sensibilidade louvável em relação

> ao meio ambiente atrapalhar seu caminho em direção a uma reforma minimalista.
>
> O fato inegável é que todo objeto em sua casa já existe. Os recursos já foram retirados da Terra e tornaram-se algo. Se não puderem ser reciclados, é provável que, nunca mais se tornarão matéria-prima utilizável. Apenas isso.
>
> Então, a questão é: onde isso vai existir? Já está ocupando espaço em algum lugar no planeta Terra, no caso, em seu lar. Se você enviá-lo para o aterro sanitário, ele ocupará uma quantidade equivalente de espaço em um local que as autoridades de sua área designaram para descarte e estão gerenciando de maneira planejada para proteger o bem-estar público.
>
> Deixe que seu arrependimento sobre a quantidade de coisas que você vai jogar fora reforce sua determinação de não comprar tanto no futuro. Não deixe que isso o impeça de fazer de sua casa um argumento silencioso a favor da restrição do consumo.

Você tem um espaço assim? O dia do acerto de contas chegou! O que eu quero que tenha em mente enquanto estiver analisando seus objetos guardados é que está fazendo algo bom para si mesmo. Não importa se estamos falando de coisas que resgatam lembranças ruins ou apenas de coisas das quais você sabe que deveria ter se livrado há muito tempo. Você ficará feliz em tomar providências para minimizar esse fardo da sua casa e da sua vida. Estará aliviando o peso que o passado tem sobre você por meio de todas essas coisas e, consequentemente, poderá avançar para o futuro com mais leveza.

Se você está passando por algo novo na vida, como a aposentadoria, este é um bom momento para abrir caminho para uma nova rotina.

Se está para se mudar, ficará mais preparado para sair. (Você não quer encaixotar trezentas mil coisas, não é?)

Se está planejando aumentar a família, chegou a hora de liberar espaço para o futuro bebê.

Se pretende morar em uma casa menor, esse é um passo essencial para a preparação da mudança.

Se não deseja que os entes queridos tenham muito trabalho para lidar com as suas coisas depois que você se for, faça algo agora para tornar isso mais fácil para eles.

É claro que, mesmo que não esteja planejando uma mudança de casa ou de vida, você poderá fazer uso dos espaços livres e da eficiência quando tiver limpado tudo e puder encontrar facilmente as coisas de que precisa.

Vamos direto aos passos para minimizar "a área definitiva do *só porque eu tenho espaço*", seja qual for ela na sua casa. Depois, ajudarei você a reconsiderar suas atitudes em relação a algumas áreas de armazenamento específicas que você pode ter: uma área de lazer/artesanato e um quarto de brinquedos.

★ MINIMIZANDO SUAS ÁREAS DE ARMAZENAMENTO — PASSO A PASSO

Minimizar seus espaços de armazenamento é um processo demorado. Esses espaços estão cheios de itens que levaram anos ou décadas para serem acumulados, portanto será necessário mais de um dia para verificar tudo. No meu caso, precisei de várias semanas para minimizar nosso porão nas horas livres. Defina um cronograma realista para você. Talvez ajude se você dividir a área em segmentos menores, terminando uma prateleira, um canto ou uma parede de cada vez. Ser persistente e metódico é o que leva ao sucesso. Como você seguiu o método do mais fácil para o mais difícil, foi ganhando cada vez mais força, e seu "músculo" da organização está pronto para esse desafio.

A propósito, embora muitas vezes eu pense que tentar vender os itens que não queremos mais possa atrair mais problemas do que lucro, isso pode não ser tão verdadeiro quando o assunto são seus espaços de armazenamento. Aqui você pode encontrar algumas coisas, como uma mesa ou prataria antiga, que pode transformar em ganhos reais. Portanto, esteja atento a uma oportunidade.

1. Remover itens grandes desnecessários
Quando comecei a minimizar nosso porão, a primeira coisa que fiz foi pedir a ajuda de um amigo forte para remover um piano que havia sido deixado pelo dono anterior. Espaço instantâneo! Da mesma forma, você obterá benefícios rápidos e terá espaço para manobrar no local se procurar itens grandes que possam ser removidos de uma só vez.

Um móvel para o qual você nunca achou um bom lugar na casa. Um abajur quebrado. Uma árvore de Natal artificial que está velha demais para ser usada em dezembro. Uma bicicleta ergométrica que você usou todos os dias durante um mês, há uma década. Você nem precisa pensar muito para se livrar desse tipo de coisa. *Bum!* Já foi.

Espaço aberto, na hora.

2. Livre-se de itens menores e sem valor sentimental dos quais você não precisa, também conhecidos como tralha
Depois de eliminar coisas grandes, mire nos itens menores que não carregam lembranças importantes e também perderam qualquer valor utilitário que possam ter tido. Essas também são coisas fáceis de minimizar. Eu me lembro de me livrar de ferramentas que não estávamos usando, de um velho alvo de dardos, de caixas de papelão vazias e muito mais. O que você pode tirar do seu local de armazenamento sem hesitar muito? Jogue fora.

3. Livre-se de coleções de coisas de tempos passados, conhecidas como tralha aos montes
À medida que nossa vida avança, tendemos a colecionar coisas que são importantes para nós em cada época da vida. Porém, uma coisa engraçada acontece com frequência: em um segundo momento, esses objetos já não significam muito para nós. Aí podemos nos livrar deles sem pestanejar.

No seu espaço de armazenamento, você pode ter caixas cheias de lembranças do ensino médio, trabalhos e livros da faculdade, lembranças de uma viagem de muitos anos atrás, roupas que não cabem mais nos seus filhos e coisas do tipo. Percorra esses conjuntos de itens para ver se algum deles ainda é significativo para você. Suspeito de que você poderia dar uma última olhada em muitos deles e depois jogá-los no lixo sem se arrepender.

Enquanto limpávamos nosso porão, encontramos uma caixa com várias centenas de guardanapos do nosso casamento. Para ser sincero, não sei por que os guardamos. Acredite ou não, ao longo dos anos, nós simplesmente não tínhamos encontrado a ocasião certa para usar guardanapos azul-claros que diziam "Joshua e Kim, 12 de junho de 1999". Então decidimos usá-los em nossas refeições em família por algumas semanas, até que acabassem. Foi uma oportunidade divertida de contar aos nossos filhos sobre o nosso casamento.

4. Reduza os enfeites de Natal e de outras datas festivas

A maioria das pessoas guarda os enfeites de Natal nos espaços de armazenamento. Essas coleções costumam crescer com o tempo, muitas vezes devido às compras em épocas de promoção que parecem ser um bom negócio.

Pegue esses enfeites e separe-os de acordo com a época, fazendo um balanço do que você tem. Mantenha apenas o que for mais significativo para você e que funcione melhor na sua casa. Jogue os demais fora. Se estiver perto da temporada de festas de fim de ano, talvez seja útil usar todos os enfeites de Natal e, depois, reduzi-los quando chegar o momento de guardar.

Escolha um limite físico (digamos, duas caixas de plástico) como o espaço máximo que você vai destinar aos enfeites de fim de ano. Da próxima vez que essa época chegar, se você comprar novos itens de decoração, livre-se de alguns mais velhos, para que a quantidade total permaneça a mesma. Lembre-se, assim como antes, de exibir apenas os mais significativos.

5. Mantenha apenas os melhores itens de valor sentimental

A maioria de nós se apega a coisas que herdamos ou ganhamos de outras pessoas, ou que nós mesmos deixamos de lado, porque carregam memórias e emoções ou têm um significado histórico. Não são meros remanescentes do passado. São heranças, registros e lembranças que têm um valor único e dos quais temos mais dificuldade de nos separar.

Uma antiga Bíblia da família. O relógio de bolso e as medalhas militares do vovô. A porcelana e o jogo de chá de prata da vovó. Cartas que seu cônjuge escreveu enquanto estavam se conhecendo. A roupa do batizado dos seus filhos. Claro, você vai querer guardar um pouco - menos é diferente de nada. Mas você não precisa guardar tudo.

Seu objetivo deve ser manter apenas os melhores. Por exemplo, você não precisa guardar tudo que herdou de sua amada tia que morreu. Apenas guarde algumas peças que o recordem mais dela e, em vez de mantê-las em uma caixa empoeirada em sua área de armazenamento, coloque-as onde possa vê-las e lembrar-se dela todos os dias.

PARAÍSO DOS ANIMAIS DE ESTIMAÇÃO

Você sabia que mais da metade das pessoas no mundo tem pelo menos um animal de estimação? Argentina, México e Brasil têm o maior percentual de donos de animais de estimação. Nos Estados Unidos, os animais de estimação mais populares são cães (50%), gatos (39%), peixes (11%) e aves (6%).[2]

Animais de estimação são ótimos, mas infelizmente nossos amigos peludos, com nadadeiras e penas podem se tornar um motivo de desordem em casa. Os americanos gastam mais de dois bilhões de dólares por ano em produtos para animais de estimação, como caixas de areia, canis, coleiras, aquários e creme dental.[3] E, é claro, roupinhas de Natal para cães e gatos.

Quanto disso é realmente necessário? Algumas coisas, talvez... Mas longe de ser tudo. Os animais selvagens vivem na natureza sem coisas compradas em lojas; os

> animais domesticados podem ser felizes sem as dezenas de coisas que normalmente compramos para eles. Na verdade, uma atitude mais simples em relação aos produtos que mantemos facilitaria o cuidado com os bichos de estimação.
> Se você tem um bichinho de estimação em casa, lembre que a felicidade vem do animal, não de ter um monte de produtos que não são essenciais.

Se isso ainda for difícil, defina uma meta para si mesmo. Talvez você possa ao menos reduzir pela metade sua coleção de objetos impregnados de emoção. Acho que você descobrirá que estabelecer um limite físico ajuda a separar rapidamente o *meio* importante do *mais* importante.

Uma atitude que pode ajudar é tirar fotos das coisas das quais você vai se desfazer. Afinal, a memória está na sua mente, não no objeto. Uma fotografia digital pode evocar a memória com tanta eficácia quanto um item volumoso.

Da mesma forma, digitalize cartas antigas, documentos e fotografias e depois elimine os originais. Assim, você pode acessar as informações sempre que quiser e compartilhá-las facilmente com outras pessoas.

Às vezes, pensamos estar honrando as pessoas queridas ao manter suas coisas, mas devemos nos perguntar se elas gostariam que ficássemos atolados com seus pertences. Tenho dúvidas. A melhor maneira de homenagear aqueles que nos amaram é vivermos a melhor vida possível, e não sermos assolados pelas coisas deles.

Da mesma forma, não nos beneficiamos quando nos apegamos a épocas passadas depois de termos avançado para novas fases. Você pode ter amado ser mãe de crianças pequenas, por exemplo, e olhar para aqueles dias com grande carinho. Porém, se seus filhos cresceram e já têm as próprias famílias, você está em uma nova fase da vida e deve abraçá-la plenamente. Guardar muitas lembranças da maternidade e sentir saudade daqueles dias pode estar impedindo você de aproveitar ao máximo o potencial desse novo momento da sua vida.

Por amor

Dedicar-se a hobbies pode ser algo lindo. Isso significa que as pessoas entendem que a vida não é só ganhar e gastar dinheiro. Cada um de nós tem dons pessoais para desenvolver e uma individualidade para expressar. Experiências tornam nossas vidas mais ricas, e nossa criatividade torna o mundo mais agradável, de maneiras significativas.

Você pesca? Faz jardinagem? Costura? Pratica ciclismo? Windsurf? Esquia? Conserta carros? Joga golfe?

Você gosta de pintar aquarelas? De tricô? Desenho? Fotografia? Carpintaria? Escultura?

Seja lá o que for, é bom manter-se ativo! Mas esse tipo de atividade tende a acumular coisas, certo? Gostar de acampar, por exemplo, exige mochila, botas para caminhadas, bastões de trekking, mapas, bússola, kit de primeiros socorros, filtro de água, comida especializada, pratos e utensílios especializados, fogareiro de combustível, saco de dormir e barraca.

> Pense menos em quem você era. Concentre-se mais em quem você está se tornando.
> #casaminimalista

Onde você guarda os objetos dos seus hobbies, seus artesanatos? Talvez você tenha um quarto para isso, ou pelo menos parte de um quarto. Você provavelmente também tem um armário ou guarda-roupa onde armazena esses materiais para que possa pegá-los quando tiver algum tempo livre para fazer o que gosta.

Como você minimiza essas coisas?

Primeiro, faça uma distinção entre (1) hobbies que você realmente faz; e (2) aqueles que você costumava fazer, ou pensava que faria, mas na verdade não faz. Vamos dar uma olhada primeiro no segundo caso.

Se você tem suprimentos de um hobby que não pratica, posso entender por que pode ser emocionalmente difícil se desfazer dessas coisas. Pode ser que você se arrependa de ter desistido dessa atividade; que deseje ter mais talento ou perseverança nessa área. Porém, se não houver chances realistas de retomar uma atividade, a escolha é fácil: você deve dizer adeus ao material. Pode se lamentar um pouco, se precisar. Aprenda algo sobre si mesmo, se puder. Mas, ao mesmo tempo, desfazer-se das lembranças de um passatempo antigo ou fracassado vai livrar a sua casa do excesso de coisas e provavelmente ajudará você a sair do passado e se abrir para ocupações novas e gratificantes no futuro.

Francine Jay diz que a minimização pode nos levar a reconhecer e nos livrar do nosso "eu imaginário", uma identidade que tentamos criar comprando coisas que nunca nos servem de verdade. "Estamos autorizados a despejar o 'eu imaginário' e todos os seus apetrechos", explica Francine. "Pode parecer cruel, impiedoso e difícil no começo, mas eu prometo: você sentirá um alívio enorme quando tudo se for."[4]

Agora, para as atividades artísticas ou hobbies em que você está ativamente envolvido, pegue todo o material, olhe um por um e pergunte a si mesmo se poderia simplificar sua coleção. Como eu poderia reduzir as coisas aqui?

Talvez fosse mais relaxante e agradável se você não tivesse tantos retalhos de tecido, carretéis de linha, bases de corte, réguas, clipes e tesouras à mão. Mantenha seus itens favoritos e os mais úteis, mas elimine o resto. Organize com cuidado o que decidir manter. Talvez acabe se desfazendo de algumas coisas que estavam bloqueando uma bela janela sem querer. Seu espaço de artesanato vai se tornar um lugar que você ama ainda mais.

Seja qual for o seu hobby ou atividade nas horas de lazer, passe mais tempo fazendo aquilo de que gosta e menos tempo cuidando das suas coisas.

Mesmo que um dos seus objetivos ao minimizar seja ter mais tempo e dinheiro para dedicar ao seu passatempo favorito, vá com calma. Pense antes de comprar. Confie na tendência que você vem alimentando de se desfazer das coisas em vez de se apegar a elas. Há algum benefício em ter menos coisas relacionadas à sua atividade favorita para as horas vagas? A resposta provavelmente é "sim".

O acampamento adiado

Scott e Lisa Tower moram em Mesa, Arizona. Bem, quando Scott não está dirigindo, ele mora em Mesa. Scott é um caminhoneiro de longas distâncias e passa trezentos dias por ano na estrada. Lisa é dona de casa e cuida dos filhos há 24 anos.

Seus filhos já entraram na vida adulta, e a mudança de vida está no ar. Quando uma fase chega ao fim, uma nova começa a surgir... Mas não sem alguma tristeza.

Scott sempre amou acampar. Lisa também. Durante anos, eles ocuparam prateleiras e prateleiras com equipamentos de camping: barracas, ferramentas, fogareiros, redes e assim por diante.

Valor do lar minimalista
LIBERDADE

Fiquei espantado ao ver a foto de um amigo meu em pé, diante das ruínas carbonizadas de sua casa, que havia queimado em um dos incêndios da Califórnia. Não era a extensão do estrago que me impressionava, embora não houvesse mais nada na casa além de escombros enegrecidos. O que me surpreendeu foi o sorriso no rosto do meu amigo.

Mais tarde, ele me explicou o motivo do sorriso. E disse que, em primeiro lugar, ficou aliviado por seus familiares estarem todos a salvo. Mas também sentia uma espécie de empolgação com todas as posses perdidas.

> Ele sabia que sentiria falta de algumas coisas, mas ficou agradavelmente surpreso com o quão despreocupado estava com a maioria delas. Ele ficou até meio feliz de não ser mais responsável por elas.
>
> Grande parte de nossas coisas poderia ser descartada. Mesmo os objetos que geralmente guardamos (coleções, lembranças e mais lembranças) não são muito importantes quando comparados a relacionamentos e coisas intangíveis, como fé, esperança e amor. E não precisamos de uma catástrofe para nos certificarmos disso. Podemos nos dar essa mesma liberdade eliminando o excesso de nossas casas — indo até o fim em cada espaço onde guardamos coisas. E então podemos usar essa liberdade para cultivar coisas que realmente valem a pena nas nossas vidas.
>
> Sorria.

"Eu sonhava em levar nossos filhos para acampar regularmente, compartilhar meu tempo e meu amor pela vida ao ar livre com eles", me disse Scott. "Mas nunca tirei folga do trabalho para fazer isso. 'Quem sabe no ano que vem', infelizmente, tornou-se meu mantra. Seis palavras das quais hoje me arrependo de ter repetido tanto."

Quatro anos atrás, Scott e Lisa foram apresentados ao minimalismo enquanto participavam de uma de minhas palestras em uma igreja em Scottsdale. Com dedicação, energia e paixão, eles procuraram minimizar sua casa. Por fim, ficaram cara a cara com as várias prateleiras de material de acampamento que Scott havia colecionado ao longo dos anos. Na idade deles, dormir em uma barraca havia perdido o encanto. Eles sabiam que deveriam se livrar dos equipamentos.

Mas o material de acampamento não era como as outras coisas que já haviam descartado. "Para mim, esses suprimentos representavam algo que nunca existiu", disse Scott. "Representavam todas as vezes que eu não tirava folga para passar um fim de semana ao ar livre com minha família. Quanto mais meus filhos cresciam, mais difícil era combinar nossas agendas. Em certo momento, o 'quem sabe no ano que vem' se perdeu. Isso me matava cada vez que eu olhava para o equipamento de camping. Estava cheio de lembranças que pensei que construiria. Mas agora nunca as construirei."

Enquanto arrumava o material, Scott sussurrou para si mesmo: "O que vou fazer com todas essas coisas?"

Foi quando ele teve uma ideia. Seu filho do meio, Logan, então com 22 anos, havia se casado recentemente. Embora não viajasse para acampar havia quase quinze anos, Logan nutria um amor incondicional pela natureza. "Ele gosta de aproveitar a natureza mais do que nós dois", mencionou Lisa. "E a esposa dele também."

Não demorou muito para que Scott e Lisa soubessem exatamente para onde seus equipamentos não utilizados deveriam ir. Eles entregariam tudo a Logan.

Mas não sem uma conversa importante.

"Quando deixei o equipamento na casa do meu filho", disse Scott, "aproveitei a oportunidade para ter uma conversa franca com ele sobre viver com objetivos claros, passar um tempo com a família e aproveitar ao máximo cada dia. Espero que ele leve sua esposa e filhos para acampar um dia, muitos dias, e construa memórias maravilhosas e duradouras com eles."

"Use essas coisas", falei. "Não deixe que elas ocupem espaço em uma prateleira."

As épocas das nossas vidas podem mudar, mas nossa oportunidade de abraçar e aproveitar plenamente a atual não muda. Certifique-se de que sua casa reflita suas possibilidades atuais.

Brincadeira de criança

Algumas pessoas têm um quarto de jogos ou de brinquedos para os filhos, além da sala ou dos quartos das crianças. Um quarto de brinquedos é muito parecido com um espaço de lazer para adultos. Afinal, brincar não é o lazer de toda criança? Esse cômodo abriga muitos itens, alguns ainda em uso e outros definhando no esquecimento. Trata-se de mais um lugar aonde as coisas chegam e muitas vezes permanecem por mais tempo do que deveriam.

Liberar espaço no quarto de brinquedos não é o motivo mais urgente para reduzir o número de brinquedos de seus filhos. Vejamos outro motivo: está provado que ter muitos brinquedos reduz a qualidade das brincadeiras das crianças. Um estudo mostrou que crianças com menos brinquedos se concentravam melhor e brincavam de forma mais criativa.[5]

Se sua casa tiver um quarto de brinquedos com itens em excesso, você poderá trabalhar com seus filhos nesse projeto de minimização. Primeiro, deve fazê-los concordar que se desfazer de alguns brinquedos, jogos e aparelhos é uma boa ideia. Tenha cuidado nessa abordagem, porque pode parecer que você está atacando o interesse pessoal dos seus filhos! (É curioso perceber o quão cedo começa a preocupação com os nossos pertences.) Eis algumas ideias do que você pode usar como argumento:

- "Você já teve dificuldade em encontrar um brinquedo que queria aqui? Será mais fácil quando tiver menos deles e os mantiver mais organizados."
- "Alguns de seus brinquedos e jogos ocupam muito espaço quando você está brincando com eles. Abrir espaço no quarto de brinquedos vai ser melhor para você."
- "Lembra que você tropeçou naquele brinquedo e se machucou? É menos provável que isso aconteça se não tiver tanta coisa bagunçando o espaço."
- "Você não se cansa de guardar os brinquedos quando a mamãe e o papai pedem para fazer isso? Agora não vai ter tantos para guardar!"

Com seus "pequenos minimalistas" ao lado, comece com o que é mais fácil. Livre-se das duplicatas, de brinquedos pelos quais seus filhos perderam o interesse e de tudo que estiver quebrado, incompleto ou sujo demais para limpar. Provavelmente haverá muitos itens que se encaixam nessas categorias.

Depois de eliminar os alvos óbvios, faça um balanço do número total de brinquedos e jogos que restam. Se ainda parece muito para você (e é provável que pareça), converse com seus filhos sobre como se livrar de alguns itens mesmo que ainda gostem deles. Com tantos brinquedos sobrando, você pode eliminar alguns, e as crianças provavelmente nunca sentirão falta. (Reclamações de "estou entediado" e "não tenho nada para fazer" não significam que nossos filhos não têm o suficiente para brincar; e sim que ainda estão aprendendo a fazer um bom uso do tempo.) Mire nos brinquedos grandes para abrir espaço. Se conseguir convencer seus filhos a desistirem das coleções com muitas pecinhas, você conseguirá reduzir a bagunça rapidamente. A eliminação de brinquedos barulhentos reduzirá a "confusão sonora" na sua casa. (E não precisa me agradecer por isso...)

Você pode doar brinquedos e jogos que ainda estão em boas condições. Pode entregá-los na escola, na sua igreja, em um abrigo para os sem-teto, em um orfanato, um hospital infantil... Certifique-se de levar seus filhos com você quando entregar os brinquedos para a doação. Voluntários do centro de doação vão notar esses pequenos rostos ao seu lado e aproveitarão a oportunidade de elogiá-los pelo que fizeram ao abrir mão de seus brinquedos por uma boa causa. Será uma lição de vida em quinze segundos.

Quando você atingir o mínimo estabelecido, defina um espaço físico delimitado para o que sobrou, seja caixas, prateleiras ou móveis. Uma vez que o espaço esteja cheio, não há lugar para mais brinquedos. Ajude seus filhos a entenderem esse princípio estabelecendo claramente os limites. Se eles quiserem adicionar algo (talvez no Natal e nos aniversários), os outros precisarão ser removidos primeiro. Esse é um exercício útil para as crianças. Afinal, crianças que não aprendem limites se tornam adultos que não definem limites.

Minimize o número de brinquedos dos seus filhos e você poderá descobrir que eles se tornam menos egoístas e menos materialistas, valorizam mais e cuidam melhor dos brinquedos que têm e dedicam mais tempo para ler, escrever, pintar e participar de brincadeiras criativas. Eles podem passar mais tempo com seres humanos reais. Podem até brincar ao ar livre!

Usos terapêuticos do minimalismo

Minimizar nos força a confrontar nossas coisas, e nossas coisas nos obrigam a nos confrontarmos. Isso pode se refletir em toda a casa, mas é particularmente verdadeiro quando chegamos aos tipos de coisas que normalmente encontramos em nossos espaços de armazenamento, de lazer e de diversão.

Espere que esse estágio da minimização desperte certas emoções e que você se lembre de muitas coisas. Você pode encontrar álbuns de fotos antigas cujas páginas não folheava havia décadas, lembranças de celebrações passadas, troféus que suou muito para ganhar, objetos pessoais que foram presentes de pessoas queridas que se foram, o vestido de casamento que usou antes de ter um pressentimento de que se divorciaria, o coelhinho de pelúcia com qual sua filha dormiu durante toda a infância, além de materiais artísticos com os quais se imaginou criando belas obras. Às vezes, a experiência pode aquecer seu coração e, outras vezes, pode fazê-lo vivenciar muitos momentos de arrependimento, perda ou fracasso.

Não se afaste das emoções. Percorra seu caminho *por* entre elas. Essa pode ser a oportunidade de que você precisava para processar o passado e se posicionar melhor para o futuro.

A memória associada a um objeto faz você sorrir? Sua reação pode mostrar que precisa do objeto — não para alguma utilidade, mas por motivos sentimentais. Mas eu repito: isso pode não acontecer. Talvez você só precise de um último momento para saborear o encanto nostálgico que o objeto inspira. Sua vida seguiu em frente, talvez seja hora de o objeto fazer o mesmo. Lembre-se: só porque algo o fez feliz no passado não significa que você tem que guardá-lo para sempre. Decida racionalmente se deve manter o objeto ou se só a lembrança já é suficiente.

> Seja lembrado pela vida que você viveu, não pelas coisas que comprou. **#casaminimalista**

Um objeto revela momentos dolorosos? O que isso lhe diz sobre como lidou internamente com o que aconteceu no passado e o que talvez ainda precise fazer sobre o assunto? Talvez você precise abraçar o momento atual da sua vida e deixar de lado os que já passaram. Talvez se livrar de um objeto ou coleção de objetos seja um ato catártico, o começo de um novo estágio de cura para você.

Quem diria que uma "mera" arrumação poderia mexer tão profundamente com nossas emoções?

Ou que a minimização nos levaria em uma jornada interior tão grande?

Checklist da minimização

Como saber se você já se livrou o suficiente da bagunça e do excesso nos seus espaços de armazenamento, de lazer e de diversão? Faça a si mesmo estas perguntas:

Em relação ao espaço de armazenamento...
- ☐ Os itens de valor sentimental que guardo me incentivam a olhar para a frente com confiança e otimismo?
- ☐ Se eu morresse hoje, cuidar deste espaço e do seu conteúdo seria um fardo para os outros? Ou cheguei a um ponto em que isso não seria oneroso para eles?

Em relação ao espaço de lazer...
- ☐ O ambiente deste espaço me inspira a praticar meu hobby?
- ☐ Os materiais que guardo me inspiram no meu hobby ou me distraem dele?

No quarto de brinquedos...

☐ Todo brinquedo tem uma "casa" bem designada que meus filhos possam entender e lembrar quando os pegarem?

☐ O número e os tipos de brinquedos neste quarto estimulam brincadeiras de qualidade, que vão incentivar um desenvolvimento saudável?

10
Sua segunda chance de causar uma primeira impressão

Organizando a garagem e o quintal

Fui apresentado ao minimalismo em 2008, depois de passar a maior parte de um sábado limpando minha garagem. Não acordei naquela manhã pensando que passaria o dia todo suando em uma garagem suja e empoeirada, mas foi o que aconteceu. Um projeto levou a outro, que levou a outro. Você sabe como é.

Depois de horas de dedicação, notei meu filho de 5 anos sozinho no balanço no quintal. E dei outra olhada na pilha de objetos na garagem, todas as coisas que passara o dia inteiro organizando. De repente, me dei conta de algo: *Não só tudo que tenho não me deixa feliz. Pior ainda, essas coisas me distraem do que me traz felicidade, propósito e realização na vida.*

Minha jornada de minimalismo, propósito e mudança de vida começou na garagem, e raramente um dia se passa sem que eu pense no significado disso.

É na sua garagem que *terminaremos* a transformação minimalista da sua casa.

Por razões práticas, deixei a garagem e o quintal para o fim, pois eles geralmente contêm coisas muito diversas e difíceis de lidar: tudo, desde os excedentes que guardamos em casa, passando por ferramentas ensebadas, produtos de jardinagem, até equipamentos de recreação para crianças, e muito mais. Pensando agora, não é surpresa para mim que tenha sido a frustração com a limpeza da minha garagem que finalmente me levou a dar um basta na "sensação de aperto" que o consumismo e o materialismo causavam na minha vida.

Minimizar a garagem e o quintal provavelmente será um trabalho árduo. Mas, ao mesmo tempo, vai ser gratificante, porque o quintal está em constante exibição — e a garagem deve ser o primeiro lugar que você vê quando chega em casa.

Qual é a primeira impressão que você quer ter da sua casa, todos os dias, quando retorna para ela? Você não precisa ver desordem e bagunça, como provavelmente acontece agora. Em vez disso, pode encontrar espaço livre e ordem. E o melhor é que não será apenas uma realidade prática, mas também uma metáfora para a nova vida que está criando para si mesmo: uma vida de abertura, liberdade e oportunidade.

> Inspiração
> ## ASSUMINDO O CONTROLE
>
> Uma venda de garagem comunitária e uma coleta de lixo na vizinhança foram marcadas para um fim de semana em julho. Foi a oportunidade perfeita para minha esposa e eu não apenas vendermos algumas das coisas que tínhamos tirado de casa, mas também, enfim, enfrentarmos a garagem superlotada.
>
> Quando começamos a vasculhar as caixas na nossa garagem, abrimos uma com presentes de casamento. Nenhum de nós dois lembrava quando havíamos embrulhado aquelas coisas. Tínhamos simplesmente carregado aquela caixa (e incontáveis outras) toda vez que nos mudávamos para uma casa nova. Naquele momento, soubemos que tínhamos que terminar o trabalho e minimizar completamente o conteúdo da nossa garagem.
>
> No fim da organização, nossa garagem parecia mais limpa do que no dia em que nos mudamos. Literalmente. Os proprietários anteriores tinham deixado várias coisas por lá quando se mudaram.
>
> Agora, sinto algo completamente diferente quando volto do trabalho. Há benefícios práticos: encontrar as coisas logo, poder andar em volta do carro sem bater

> nas caixas e sentir menos ansiedade ao olhar a garagem (que eu sabia que precisava de uma faxina).
> Mas os benefícios vão além disso. A garagem minimizada me dá uma sensação de maior controle da minha vida.
> E eu nunca tinha percebido isso antes, mas voltar do trabalho depois de um dia atribulado e entrar em uma garagem desordenada me lembrava dos projetos incompletos em casa. Era um sentimento persistente, bem no fundo da minha mente, de que eu precisava fazer malabarismos com muitas coisas na vida. Meus pertences não estavam ocupando apenas espaço físico na garagem; também estavam ocupando espaço em minha mente.
> Minha garagem agora está cheia de coisas que trazem valor à minha vida. Parece que há um propósito, como se eu estivesse no controle, e não minhas coisas.
> Como minha garagem foi minimizada e a desordem foi removida, agora, quando chego em casa, minha mente consegue se concentrar imediatamente na coisa mais importante que tenho: minha família.
>
> Dallin, Estados Unidos

Um lar para mais do que apenas carros

Quando a Ford e outras montadoras de veículos venderam ao mundo o sonho das viagens de automóvel, também prepararam o palco para o surgimento da garagem. No início, as pessoas reaproveitavam suas cocheiras ou celeiros para guardar os automóveis, mas logo a maioria dos proprietários quis espaços projetados especificamente para seus veículos, e preferencialmente junto às suas casas (já que os carros pareciam cheirar melhor que cavalos). Em 1925, os corretores imobiliários já estavam achando mais difícil vender casas sem garagem.[1] Quarenta anos depois, "a garagem norte-americana média respondia por incríveis 45% da metragem de toda a casa".[2]

Como o restante da casa também cresceu, a garagem não representa mais grande parte dela. Ainda assim, a maioria dos norte-americanos aparentemente não consegue viver sem uma. Em 2014, 79% dos lares nos Estados Unidos tinham garagem ou estacionamentos cobertos.[3] E, enquanto a maioria desses espaços era grande o suficiente para acomodar apenas um carro, hoje a garagem para dois carros é de longe o tamanho mais frequente nas novas residências norte-americanas.[4] Garagens para três, quatro ou mais carros estão se tornando mais comuns.

> "Você pode viver 85 anos neste planeta. Portanto, não gaste 65 anos pagando por um estilo de vida que não pode sustentar."
> (Cait Flanders) **#casaminimalista**

Nossas garagens estão crescendo, embora o número médio de carros por família tenha diminuído gradualmente na última década.[5] Essa discrepância pode ser resultado da utilização desse espaço para ajudar a acomodar nosso acúmulo excessivo de objetos? Na verdade, muitas pessoas têm tantas coisas armazenadas nas garagens que deixam os carros na entrada ou na rua, um lembrete constante do problema da nossa garagem lotada. E, para aproximadamente um quarto dos norte-americanos, "a garagem é tão desorganizada que nem comporta um carro".[6]

Uma garagem desordenada não está cumprindo bem seu propósito de abrigar nossos automóveis e os produtos de que precisam. Além disso, em uma garagem apertada é difícil conseguir manobrar. Muitos são obrigados a se espremer para fora do carro e, em seguida, contornar as centenas de tralhas para chegar à entrada de casa. Se forem habilidosos o suficiente nessa manobra, *talvez* possam evitar que as roupas fiquem sujas ao roçar a lateral do carro.

Usar a garagem para guardar coisas não é errado, mas podemos ir longe demais com isso. O que você tem na sua garagem? Se sua garagem é como a da maioria, acho que consigo prever alguns dos itens que estão armazenados lá.

Primeiro, há coisas relacionadas a carros. Os carros ficaram tão complicados nos últimos anos que menos pessoas consertam seus próprios automóveis do que no passado. Portanto, há menos necessidade de manter ferramentas automotivas por perto. Ainda assim, podemos ter algumas coisas ali, como um macaco ou fluidos para repor.

Se usa sua garagem como oficina, você tem um número substancial de coisas, como uma bancada de trabalho, cavaletes, equipamentos de segurança, luvas de trabalho e uma caixa de ferramentas cheia de utensílios como trenas, martelos, brocas, chaves de fenda, chaves inglesas, ferramentas de corte e testadores elétricos. Também há sempre as inevitáveis latas ou caixas cheias de peças de reposição sujas (porcas, arruelas, parafusos, pregos e coisas do gênero), que você não quer jogar fora porque acha que poderá usá-las um dia.

Muitas pessoas também usam as garagens para armazenar materiais de cuidado com os gramados e jardins. Algumas dessas coisas, embora provavelmente úteis, consomem bastante espaço: cortadores de grama, ancinhos, pás, aparadores, motosserras, machados... Outras podem ser menores, mas numerosas: colheres de pedreiro, podadores, luvas, regadores, pulverizadores, terra, fertilizantes, inseticidas e herbicidas.

DESORDEM NA ENTRADA DA GARAGEM

Dizem que os dois melhores dias para o dono de um barco são o dia em que ele compra o barco e o dia em que o vende. O mesmo vale para muitos dos nossos outros veículos grandes e caros.

> Você tem um trailer? Um quadriciclo? Uma lancha, um bote ou uma canoa? Uma moto? Um jet ski?
> Quero fazer uma pergunta: vale a pena para você?
> Você pode fazer muita coisa com os "brinquedos" recreativos que guarda em sua garagem ou em qualquer outro lugar da casa. Porém, se essa não for a realidade, a despesa considerável e a manutenção trabalhosa que eles dão fazem desses itens algo óbvio para minimizar, provavelmente vendendo-os. Esses tipos de "brinquedo" geralmente são fáceis de alugar ou pegar emprestados para uso ocasional, poupando muito dinheiro e aborrecimentos.

A maioria de nós também mantém coisas divertidas na garagem: bicicletas, raquetes, patinetes, skates, patins, pranchas, brinquedos grandes, bolas, equipamentos de camping, caça ou pesca, sacos de golfe, pipas etc.

E existe também a categoria "diversos", composta de coisas como restos de tinta, escada, mangueiras de jardim, cabos de extensão, tapetes e azulejos de reposição.

É bastante coisa. Mas é possível lidar com tudo isso!

★ MINIMIZANDO SUA GARAGEM — PASSO A PASSO

Quer pôr para dentro um carro que não entra na sua garagem há anos? Está curioso sobre o que guarda naquelas caixas empoeiradas na prateleira lá em cima? Gostaria de encorajar as crianças a brincar fora de casa com mais frequência tornando mais fácil para elas pegarem seus brinquedos maiores? Quer poder entrar na sua casa sem dificuldade no fim do dia? Organize sua garagem.

1. Livre-se dos restos do seu processo de minimização
Em uma palestra que dei em Phoenix, minha cidade natal, conversei com uma mulher que estava minimizando a casa. Ela já havia minimizado a maior parte e estava amando a transformação.

Perguntei então como ela estava lidando com a garagem.

Ela desviou os olhos por um momento, antes de admitir que era um problema, não tanto por causa das coisas que ela e o marido tinham guardado na garagem, mas porque era lá que estava guardando as pilhas de coisas que tinha removido do restante da casa! A bagunça era tamanha que nem dava para estacionar o carro lá dentro!

Eu entendo que, quando você está retirando coisas de sua casa, talvez seja necessário um lugar, possivelmente sua garagem, para armazená-las por um tempo. Porém, se é isso que você tem feito, pare já. Seu excesso não terá ido embora até que tenha saído de sua propriedade (não apenas de sua casa). Transfira as coisas desnecessárias para o lixo, ou para a lixeira de reciclagem, ou coloque-as no seu porta-malas para levar até um centro de doações.

2. Livre-se do lixo

Não estou só falando sobre lixo literalmente. A maior parte das garagens têm muitas coisas que só precisam ser jogadas fora.

Eu tinha uma coleção de restos de madeira em um canto da nossa garagem, junto com um monte de outras coisas que só precisavam ser descartadas: bolas de golfe velhas, brinquedos quebrados ou esquecidos, uma pilha de manuais de que não precisávamos, ferramentas que foram substituídas mas não descartadas, e até filtros para um carro que eu não tinha mais.

E na sua garagem? Comece pelas prateleiras. Dê uma olhada nas caixas. Livre-se de todos os candidatos óbvios: as sobras, restos e objetos que "um dia poderão ser úteis" e que você guarda na garagem. Se puder se livrar de itens grandes, melhor ainda, porque terá mais espaço para trabalhar.

3. Reduza a quantidade de brinquedos das crianças e equipamentos esportivos

A maior parte das famílias guarda brinquedos e outros objetos das crianças na garagem, e pode ser que elas nem tenham mais interesse neles no momento.

Preste atenção no que seus filhos estão pegando para brincar. Sei que as crianças podem passar por fases, mas, se seu filho não usa um skate há dois anos, talvez tenha cansado dele. Também não vejo necessidade de ter mais de um tipo de item similar (como uma bicicleta e um patinete) por criança.

No caso de brinquedos e materiais esportivos, insisto na mesma filosofia que usamos no quarto e no quarto de brinquedos: estabeleça limites físicos e permita que seus filhos lidem com eles como quiserem. Na nossa garagem, temos prateleiras em um canto e uma caixa de plástico. A caixa é onde meus filhos guardam as bolas com as quais brincam ao ar livre. As prateleiras são onde eles armazenam seus brinquedos. À medida que as coisas se acumulam e começam a transbordar, pedimos que decidam o que manter e do que se desfazer.

4. Descarte com segurança os itens perigosos
Se puder se livrar do óleo de motor, de outros produtos químicos perigosos ou materiais inflamáveis da sua garagem, maravilha! Mas certifique-se de fazer isso de acordo com as leis e diretrizes da sua região. É possível, por exemplo, que uma oficina automotiva com uma máquina de reciclagem de resfriamento aceite o resfriador de radiador que você quer descartar.[7]

ALTERNATIVAS À POSSE

Você sabia que uma furadeira elétrica costuma ser usada por não mais que 13 minutos durante sua vida útil?[8] No entanto, quantos de nós temos uma em nossas casas?

Uma das razões de nossas casas serem tão desordenadas é que, antes de comprarmos as coisas, aceitamos sem questionar a ideia de que devemos armazenar tudo de que um dia podemos precisar. Mesmo que não usemos algo há anos, nós o mantemos "só por precaução".

A verdade é que nem *todos* nós precisamos ter *tudo*. Podemos comprar o básico e coisas de uso pessoal e,

> então, encontrar maneiras diferentes de usufruirmos de bens e serviços não tão necessários à medida que precisarmos deles.
>
> As alternativas a seguir ajudarão você a economizar espaço e reduzir a desordem em muitas partes da casa, mas são especialmente úteis na garagem e no quintal.
>
> - *Pegar emprestado.* Se mantiver apenas as ferramentas básicas em sua oficina, você pode ocasionalmente precisar de uma ferramenta incomum para um projeto específico. Se for o caso, não saia e compre. Peça emprestado a um amigo ou conhecido.
> - *Alugar.* Claro, você poderia ter sua própria máquina de lavar à pressão, mas a realidade é que se passam anos até chegar a hora de lavar a parte externa da sua casa. Alugue uma lavadora à pressão, conforme necessário. Se o valor do aluguel dessa ou de outra ferramenta for caro, lembre-se de que você está economizando o custo de compra e também o "custo-bagunça" embutido ao se armazenar qualquer item.
> - *Contratar.* Se manter o gramado aparado e os arbustos cortados não for sua atividade preferida, talvez você possa se desfazer de todos os seus equipamentos e contratar uma empresa de manutenção de gramados (ou alguém da vizinhança) para fazer esse trabalho. De acordo com um estudo, "pessoas que gastaram dinheiro comprando tempo para si mesmas ao terceirizar certas tarefas indesejáveis relataram maior satisfação geral com a vida".[9]

5. Minimize as ferramentas, mantendo apenas as necessárias

Nunca fui um sujeito especialmente habilidoso, então sempre quis ter o mínimo de ferramentas, mas de qualidade. Eu mantenho o essencial (chave de fenda, martelo, fita métrica e alguns outros itens) em um espaço de fácil acesso. Outras (serra, ferragens, rodo limpa-vidros, nível, furadeira elétrica etc.) ficam em uma caixa de tamanho médio na minha garagem, escondidas.

Se você é adepto do "faça você mesmo", curte carpintaria ou usa ferramentas no seu trabalho (é faz-tudo, fazendeiro, pedreiro, mecânico, pintor), certamente precisará de mais ferramentas do que alguém como eu. No entanto, seja racional em relação à sua coleção de ferramentas, pois ainda assim pode ser que ter ferramentas de mais se torne um fardo. Quando for iniciar um projeto, você vai querer desperdiçar seu valioso tempo vasculhando uma pilha de ferramentas nunca utilizadas para encontrar o material de que precisa?

6. *Faça uma limpeza no equipamento dos hobbies ao ar livre*
Vários objetos que são usados ao ar livre, como equipamentos de camping, pesca e escalada, ficam na garagem. Se você tiver esse tipo de coisa, pense com cuidado nos itens de que realmente precisa e de quais não. Desfaça-se dos itens ultrapassados, quebrados ou já substituídos, além daqueles que nunca usa.

Você pode remover um conjunto completo de itens se não o utiliza há anos ou se ele representa uma fase da sua vida que já passou. Livre-se da bagunça gerada pelos hobbies antigos e crie espaço para novas paixões.

> Hoje é o dia de se livrar de qualquer coisa que o distraia de uma vida melhor. **#casaminimalista**

Reduzir as coisas que usa nos hobbies ao ar livre não só deixará sua garagem mais espaçosa, como também poderá tornar seu hobby mais divertido. Por exemplo, você pode aproveitar mais sua próxima excursão de pesca se puder preparar tudo com facilidade e, portanto, concentrar-se mais em fisgar a truta.

7. Organize o que sobrou

Não pare de minimizar antes que sua garagem pareça espaçosa e fácil de gerenciar. E, quando só restarem as coisas que você realmente precisa manter ali, organize o que sobrou para que o espaço fique organizado e você possa encontrar tudo. Recomendo o uso de caixas e organizadores nessa área da casa. Talvez possa organizar suas vassouras e pás com suportes de ferramentas. Coloque as coisas em prateleiras para tirá-las do chão. Encha as caixas de plástico e coloque etiquetas em tudo.

Sua garagem agora está pronta para quando você voltar para casa no fim do dia e pronta para um novo projeto sempre que você quiser.

Cuidando do quintal

Agora vamos sair e aproveitar o ar fresco por um momento. Ainda falta mais um lugar para minimizar: o quintal.

Nem todo mundo tem, precisa de um ou quer ter um quintal. Mas, se você tem, então sabe que, assim como sua casa, o quintal pode contribuir para seus sentimentos de desordem, confusão e distração. Por outro lado, se minimizá-lo bem, você poderá transformá-lo em um espaço tranquilo, ordenado e encantador.

Valor do lar minimalista
VIDA NATURAL

Se eu tivesse alguma dúvida sobre o minimalismo ser uma coisa boa (o que não tenho há muito tempo e nunca terei novamente), tudo que precisaria fazer seria me lembrar de como ele se entrelaça perfeitamente com outros grandes ideais humanos, como paz, recuperação, limpeza, saúde, beleza e ordem. Responsabilidade, comedimento, foco e preocupação com os outros e com o nosso lar comum: a Terra.

Propósito, individualidade, humildade, moderação, frugalidade e indiferença à agitação eterna da sociedade.

> Satisfação, gratidão e generosidade, juntamente com criatividade, crescimento, produtividade e otimismo.
> E você sabe qual parte da casa minimalista me lembra mais dessa constelação de valores magníficos? O quintal ou jardim. A paisagem ao redor da casa (se pararmos de bagunçá-la) oferece um espaço de convivência tranquilo para as pessoas e a natureza.

Cerca de 60% dos norte-americanos moram em casas e, portanto, têm um quintal para cuidar.[10] Ele pode ser mínimo ou pode ter uma área substancial, mas geralmente é um espaço valioso e versátil. O jardim da frente muitas vezes apresenta um aspecto mais público, enquanto o quintal costuma ser dedicado à diversão em família. Se você conseguir afastá-los de seus dispositivos eletrônicos e mantê-los na parte externa da casa, seus filhos aprenderão a amar as brincadeiras no quintal e criarão muitas lembranças lá. Os jardineiros sonham com a chegada da primavera e em criar beleza viva em seus quintais. Lá, há espaço para animais de estimação perambularem. O quintal pode ser um lugar maravilhoso para convidar os amigos para um piquenique e assistir ao pôr do sol. Até mesmo a parte da frente da casa, a entrada para a garagem, pode ser um lugar para brincar ou testar os novos patins. Mais uma vez, vemos que existem propósitos específicos para essa parte da casa.

Apesar de todas essas vantagens de ter um quintal e da importância tradicional de um espaço como esse para a vida familiar, o tamanho dos quintais vem diminuindo com o passar do tempo. O tamanho médio de uma casa nova nos Estados Unidos é de pouco mais de 750 metros quadrados, uma queda de 13% desde 1978. A razão para o encolhimento, aparentemente, é econômica: as casas maiores de hoje custam mais, e uma maneira de economizar dinheiro é comprar uma pequena. Um jornalista comentou: "Forçados a escolherem entre ter um gramado maior e uma casa maior, os americanos que moram perto dos centros econômicos estão escolhendo a casa."[11] O mesmo fenômeno está ocorrendo na Austrália e em outros países.[12]

O minimalismo pode não tornar o seu quintal maior, mas pode ajudar você a aproveitar ao máximo o que tem. Talvez, minimizando, você fique mais fora de casa, aproveite mais a natureza, divirta-se mais ao ar livre com sua família, faça mais exercícios e interaja mais com seus vizinhos. E você sabe: é exatamente para isso que um quintal serve!

★ MINIMIZANDO SEU QUINTAL — PASSO A PASSO

Quais são seus objetivos para o quintal? Criar um lugar para relaxar? Plantar coisas bonitas? Ter um espaço ao ar livre onde seus filhos e os amigos deles vão querer brincar? Você pretende passar menos tempo cuidando do quintal? O minimalismo pode ajudar com todos esses objetivos.

1. Remova itens ornamentais/de decoração
Lojas de jardinagem ficam felizes em nos vender itens de decoração para o quintal, assim como as lojas de decoração nos empurram enfeites para a parte interna da casa. Seja do lado de dentro ou de fora, não precisamos de tanta decoração assim. Se há muitos objetos decorativos no seu quintal, principalmente coisas cafonas como gnomos de jardim ou flamingos de plástico, repense isso. Por favor. (E falo em nome de seus vizinhos.)

Talvez você não precise de nenhuma decoração. O espaço pode ficar ainda melhor sem qualquer adorno artificial. Se fizer questão de ter enfeites no quintal, não use muitos e certifique-se de que sejam simples e de bom gosto. Alguns tipos de ornamentos e acessórios para jardim, como fontes de água e banheiras para pássaros, podem ajudar a criar um ambiente natural que transmita paz e encanto.

E leve a abordagem "menos é mais" para decorações sazonais ao ar livre também. Usar um número menor de enfeites, porém bem selecionados, no Natal pode ser tão festivo e muito mais elegante do que um monte de enfeites brilhantes, giratórios, infláveis, iluminados e musicais. Além disso, um conjunto simples de ornamentos precisará de menos tempo para ser instalado e retirado e ocupará um espaço menor nos armários e caixas quando passarem as festas.

2. Elimine móveis externos desnecessários
Seu quintal tem móveis? Um deck com uma churrasqueira, talvez? Ou uma mesa de piquenique? Que tal uma rede amarrada entre as árvores? Cadeiras em volta da churrasqueira?

Você pode reduzir o mobiliário? Para facilitar as decisões, pense em quais móveis vão ajudá-lo a aproveitar o ambiente externo e quais, na maioria das vezes, apenas deixam o ambiente atravancado.

3. Remova brinquedos não utilizados
Casas com crianças tendem a ter muitos brinquedos no quintal: balanços, escorrega, cama elástica, piscina, casinha. Sei que você quer que seus filhos se divirtam no quintal. Minha esposa e eu gostamos de ter um quintal divertido para que nossos filhos convidem os amigos e possamos ficar de olho neles. Ainda assim, não precisa exagerar.

Há no quintal algum brinquedo que seus filhos não usam mais? Livre-se deles.

Há algum que esteja quebrado ou que contribua para a aparência de desordem do local, talvez pelo tamanho? Remova.

Ensine as crianças a guardarem brinquedos como bolas de futebol e raquetes no lugar depois que terminarem de usá-los.

4. Simplifique sua jardinagem
Pessoas como eu, que amam jardinagem, entendem como pode ser relaxante e gratificante trabalhar na terra para criar um belo canteiro de flores ou uma hortinha com ervas e vegetais. A paciência e a natureza cíclica da jardinagem combinam com o *ethos* do minimalismo, enfrentando a pressa e a ganância de uma sociedade consumista. Então, se você tem um jardim no seu quintal, ponto para você! Dê a si mesmo mais tempo para aproveitar suas plantas, minimizando seus equipamentos de jardinagem.

É como cozinhar ou praticar outros hobbies que realizamos dentro de casa: é possível fazer mais com menos.

Mantenha as ferramentas de jardinagem que você usa constantemente. Livre-se das que apenas ficam na prateleira. Prefira as ferramentas-padrão às invencionices chamativas. Jardinagem não é um hobby chique, e você não precisa ter um equipamento muito elaborado.

Há algo mais de que possa se livrar? Vasos e bandejas que tenha trazido da loja e dos quais não precise mais? Regadores duplicados que possa reduzir para um? Uma pá ou um conjunto de suportes que nunca usa? Simplifique.

E aproveite.

Espero que o buquê de flores que você recolher do seu jardim se destaque como uma obra de arte em seu lar minimizado.

E que as ervas e vegetais frescos que colherá no quintal o inspirem a criar pratos deliciosos e frescos na sua cozinha livre de bagunça.

5. Transição para uma paisagem mais natural e fácil de cuidar
Um ambiente vivo está sempre mudando. Isso é parte da diversão e do desafio de ter um quintal. É também uma oportunidade. Você pode fazer mudanças em seu gramado, árvores e arbustos para que seu quintal seja mais simples de cuidar e transmita a sensação desejada. Isso não é minimalismo instantâneo, mas é o minimalismo que pode começar assim que estiver pronto.

Você poderia reduzir a área de grama que tem que cortar, substituindo o gramado por algo como cascalho?

Poderia usar plantas perenes que poupam água em vez de plantas anuais sedentas?

Substituir espécies importadas por espécies nativas, que são mais resistentes e exigem menos água e trabalho?

Seu paisagismo é a obra de arte em andamento dentro do quadro que é o seu quintal.

Foi você quem fez isso!

Para seus vizinhos e todos que passarem por seu quintal minimizado, essa será uma declaração da prevalência da beleza natural e da paz sobre a desordem. Ao entrar na sua garagem minimizada, uma sensação de paz vai envolvê-lo mesmo antes de sair do carro. Não trabalhamos apenas do mais fácil para o mais difícil, mas também de dentro para fora, e agora sua casa está pronta para recebê-lo em seu domínio de tranquilidade e ordem.

A minimização da garagem e do quintal é a pedra angular da transformação que você proporcionou à sua casa. Revise tudo. À medida que avança de um cômodo organizado a outro, quais são as áreas espaçosas que mais o encantam? Tenho certeza de que vai adorar a sua "nova" casa, onde você pode viver com conforto, sendo capaz de se concentrar plenamente nas pessoas do que nas coisas e levar uma vida com mais propósito.

A casa minimalista ainda não está pronta. Tenho que mostrar como manter sua casa minimizada. Além disso, há alguns pontos muito importantes a dizer sobre maneiras de capitalizar o trabalho árduo de organização. Mas, por enquanto, saboreie sua conquista e celebre com as pessoas queridas.

A transformação minimalista da sua casa está completa. Que bom para você!

Checklist da minimização

Como saber se você já se livrou o suficiente da bagunça e do excesso na sua garagem e no seu quintal? Faça a si mesmo estas perguntas:

Em relação à garagem...
- ☐ Esta área oferece uma visão agradável quando volto para casa todos os dias?
- ☐ Transmite tranquilidade e controle?
- ☐ Dentro do possível, é fácil manobrar nela?

- [ ] Não tenho mais vergonha de deixar a porta da garagem aberta e permitir que os vizinhos vejam lá dentro?
- [ ] Estou confiante de que tirei da minha garagem tudo que não é mais necessário?

Em relação ao quintal...
- [ ] Se tenho uma área externa, ela me traz alegria quando a vejo ou passo um tempo nela?
- [ ] O exterior da minha casa transmite hospitalidade?

Atividade recomendada: *Para marcar a conclusão da organização da sua casa, chame um amigo para tomar algo refrescante na sua varanda e ouvir sua história. Ou convide alguns vizinhos para um churrasco e, enquanto a carne estiver grelhando, mostre tudo que fez. Deleite-se com a beleza da sua casa e com a liberdade recém-descoberta.*

Guia de Manutenção do Minimalismo

Tornar-se minimalista é uma coisa. Manter-se minimalista é outra história.

Se você seguiu passo a passo os capítulos anteriores, organizou toda a sua casa. Pode ter levado dias, semanas ou meses. Mas, independentemente de como tenha sido, foi um processo executado de uma só vez. E você o finalizou.

Espero (e acredito) que esteja amando os resultados. E aposto que agora sente que pode "respirar" e relaxar na sua casa de uma forma que não fazia há muito tempo. Imagino que esteja animado em dedicar mais do seu tempo, dinheiro e energia às pessoas e aos projetos de que gosta.

Você quer manter esses bons sentimentos?

Isso é possível. É uma questão de instituir rotinas para manter sua casa livre da desordem. Caso deixe de seguir as rotinas, temo que você volte a viver na mesma casa caótica que gastou tanto tempo e esforço minimizando. Mas continue assim e verá que ainda vai aproveitar os benefícios do minimalismo por um mês, um ano e até mesmo dez anos.

Com esse propósito, vou lhe dar algumas orientações para seguir diariamente, semanalmente, periodicamente ao longo do ano e em diferentes épocas da vida. Algumas dessas diretrizes podem parecer pesadas à primeira vista, mas confie em mim. Depois de ter minimizado sua casa, isso não será muito difícil. Manter o minimalismo é muito menos trabalhoso do que repetir todo o processo — caso você deixe sua casa ficar entulhada novamente.

De certo modo, é irônico que eu esteja escrevendo um livro sobre viver em ordem. Durante grande parte da minha vida, não arrumei a cama, não pus os livros de volta na prateleira, deixei a pia cheia de louça suja e as roupas jogadas no chão. Mas o minimalismo transformou a natureza das tarefas em nossa casa e também me transformou. Hoje eu vivo de maneira diferente na cozinha, no quarto, em toda a casa. Eu mudei. Então você também pode mudar.

Para evitar qualquer mal-entendido, quero ressaltar que este guia de manutenção do minimalismo não é sobre limpeza. Não se trata de limpar os rodapés ou espanar seus móveis caros. Também não se trata de fazer reparos e daquilo a que normalmente nos referimos como *manutenção* de uma casa: coisas como consertar uma trava de janela quebrada ou substituir o filtro do ar-condicionado. Embora a limpeza e os reparos sejam muito necessários, aqui me refiro apenas a como manter uma casa minimizada, eficiente e eficaz para as pessoas que moram nela.

COMO ALTERAR SEUS HÁBITOS DE COMPRA

Compras excessivas foram a maior razão para a bagunça ter começado, certo? Agora que sua casa está minimizada, precisa comprar menos se quiser continuar sendo minimalista.

É sempre melhor evitar levar para casa um item novo de que não precisa, pois você terá que se livrar dele mais tarde. Repita a pergunta *Eu realmente preciso disso?* antes de comprar alguma coisa.

- *Evite gatilhos.* Pergunte a si mesmo por que comprou tantas coisas no passado. O tédio o inspira a fazer compras por diversão? Comprar alguma coisa faz você se sentir melhor consigo mesmo por um tempo? Você faz compras por impulso para impressionar os amigos? Encontre uma maneira melhor de reagir quando esses gatilhos emocionais forem ativados.
- *Imponha-se uma pausa temporária nas compras.* Se você acha que parar subitamente com as compras pode ajudá-lo a romper seu vício, escolha um prazo (talvez noventa dias?) para não comprar nada além de itens não duráveis, como mantimentos. Viva com as roupas, livros, ferramentas e outros bens duráveis que

> já tem. Você provavelmente vai perceber que não é uma proposta difícil de cumprir, e isso vai ajudá-lo a quebrar um padrão compulsivo de compras.
> - *Torne-se um comprador experiente.* Com isso, quero dizer que deve entender as estratégias que os profissionais de marketing usam para convencê-lo a comprar coisas de que não precisa. Não se deixe seduzir por táticas de vendas nem se sinta pressionado por ofertas por tempo limitado. Calcule mentalmente o "custo-bagunça" e adicione ao preço. O benefício é maior do que o fardo que vai representar... ou o contrário? Você é o comprador, por isso deve ser responsável pela experiência de compra e adquirir apenas o que pretende.
> - *Faça cálculos sobre suas compras.* Pesquise produtos e faça compras on-line quando for apropriado. Em lojas de construção, organize suas compras para fazer o número mínimo de viagens. Faça uma lista e se mantenha fiel a ela. Quando chegar em casa com o que precisa, e nada além disso, parabenize-se e pense no dinheiro que economizou e as dificuldades que conseguiu evitar.

Como cada lar e família são diferentes, algumas das seguintes orientações podem não se aplicar a você, e pode haver outras que queira adicionar às listas da sua casa. Mas comece com essas dicas para estabelecer práticas domésticas regulares, que conservem a sua casa como um lugar fácil de amar e no qual é fácil viver. Retorne a esta seção quantas vezes precisar até que as rotinas estejam internalizadas.

Você sempre vai seguir perfeitamente essas diretrizes? Claro que não! Portanto, não se sinta sobrecarregado por esse conselho. Basta permanecer o mais atento possível às rotinas, e isso vai ser suficiente.

Orientações para a manutenção DIÁRIA

Desordem atrai desordem. Se você deixa as cartas na bancada da cozinha, alguém vai achar natural deixar as chaves lá. Uma cômoda com recibos também atrairá moedas. Uma bolsa no hall de entrada em breve receberá sapatos e luvas. Uma lata de refrigerante na mesa do canto geralmente cai no chão, seguida de alguns papéis de bala.

Quando você vive arrumando uma área diariamente (o que não é difícil se você fizer isso sempre), é menos provável que perca o controle dela.

USE O BOM SENSO NA HORA DE DAR PRESENTES

De acordo com a National Retail Federation, uma associação comercial, o comprador médio norte-americano gasta aproximadamente mil dólares em presentes, em especial na época do Natal.[1] É comum recebermos vários presentes em nossos aniversários. E há todas as outras ocasiões para presentear ao longo do ano, como o Dia dos Namorados, a Páscoa, o Dia das Mães e o Dia dos Pais. E não se esqueça de ocasiões especiais, como aniversários de casamento, chás de bebê, open house, formatura, recuperação de doença ou cirurgia, agradecimento, batismo ou crisma, *bar mitzvahs* e apenas "porque sim". Tem muita coisa entrando nas casas minimalistas recebidas de amigos e familiares bem-intencionados!

Dar presentes pode ser muito bom. Mas, se você está determinado a evitar o excesso em casa, terá que gerenciar o tráfego de presentes.

- *Diga aos seus amigos que você não precisa de presente em seu aniversário.* Explique que prefere receber apenas um abraço pessoalmente, ou talvez um cartão, e que isso é melhor do que comprar mais uma vela decorativa ou uma garrafa de sais de banho de que não precisa. Mude a expectativa do presente.
- *Qualidade em vez de quantidade.* Se for difícil convencer algumas pessoas em sua vida a não comprarem presentes, incentive-as a apostarem na qualidade em vez de quantidade. Isso é especialmente útil no que diz respeito aos presentes dados aos seus filhos. Dois presentes

de 25 dólares em geral causam menos bagunça do que dez presentes de cinco.
- *Peça itens não duráveis em vez de duráveis, e experiências em vez de bens materiais.* Uma cesta de frutas, um vale-presente para um restaurante, ingressos de cinema, um buquê de flores colhidas à mão, ingressos para shows, todos são ótimos presentes que não sobrecarregam sua casa com novos objetos.
- *Sugira doações para instituições de caridade em seu nome.* É ótimo saber que o dinheiro que poderia ter sido gasto em um novo suéter (de que você não precisava) foi para uma bolsa de estudos que mudou a vida de uma criança.
- *Deixe as pessoas saberem do que você precisa.* Mesmo depois de minimizar, você pode ter alguma necessidade genuína de novos itens em sua casa, como uma cafeteira para substituir a que morreu na semana anterior. Deixe as pessoas saberem com antecedência quais são as suas reais necessidades; seja específico. As listas de presentes podem ser particularmente úteis para parentes de fora da cidade, em especial quando se trata de crianças, que estão sempre crescendo e mudando.
- *Elimine sem culpa.* Quando o valor dos presentes que você recebe começa a se revelar, elimine os indesejados sem se sentir culpado. Você expressou seu agradecimento, não é obrigado a mantê-lo para sempre. Ninguém quer sobrecarregar você com um presente.

Se você identifica algum espaço da sua casa que fica entulhado de coisas desnecessárias com frequência, coloque esse lugar em sua lista diária de hábitos. As práticas a seguir vão ajudá-lo a começar.

Arrume o quarto. Faça a cama, guarde as roupas e esvazie a superfície das cômodas. Estabeleça regras com seus filhos sobre como arrumar os próprios quartos.

Coloque os papéis no lugar certo. Verifique todos os papéis novos no dia em que eles chegarem. Cartas inúteis e jornais vão para reciclagem. Papéis importantes, para pastas.

Guarde os brinquedos. Sendo realista, a vida não permite um quarto de brinquedos limpo todas as noites. Mas, se você tiver um quarto de brinquedos separado do quarto, gaste sessenta segundos devolvendo os brinquedos aos lugares a que pertencem. Ou, melhor ainda, faça com que seus filhos criem o hábito de fazer isso sozinhos.

Organize a lição de casa. Ensine seus filhos a guardarem os trabalhos escolares todas as noites, antes de irem para a cama, em vez de correrem pela casa de manhã tentando encontrá-los.

Arrume a sala de estar e qualquer outra sala que tenha. Áreas muito utilizadas podem ser bagunçadas por toda a família. No fim de cada dia, arrume esses espaços.

Armazene os eletrônicos fora da vista. Guarde todos os videogames, cabos de carregadores e acessórios do computador que foram usados durante o dia.

Verifique a entrada de casa. Se o quintal estiver molhado ou enlameado, talvez seja necessário organizar botas, casacos e outras coisas na entrada. Se o tempo estiver frio, mais camadas serão retiradas ao chegarem em casa.

Organize a cozinha. Lave os pratos sujos e guarde-os. Da mesma forma, guarde os utensílios, panelas e frigideiras que não pertencem às bancadas. É maravilhoso ir para a cama sabendo que você acordará com uma cozinha limpa no café da manhã.

Devolva as coisas deixadas no banheiro ao seu devido lugar. Quando estamos com pressa de nos arrumar de manhã, é fácil deixar coisas expostas, como escovas de cabelo, pincéis de maquiagem, lâminas de barbear e secadores de cabelo. Corrija esse problema quando chegar em casa colocando tudo de volta ao seu lugar.

Orientações para a manutenção SEMANAL

Coisas entram nas nossas casas o tempo todo. Elas vêm da escola, da igreja, da mercearia, de lojas, de pessoas que nos presenteiam e assim por diante. Mas a maioria de nós não tem rotinas regulares para remover esses itens, então eles vão se acumulando. Estas tarefas semanais de limpeza, abaixo, oferecem oportunidades para fazer isso fluir.

Retire o lixo e recicle. Use esse tempo não apenas para jogar o lixo fora, mas também para procurar coisas pela casa que você possa remover.

Lave, seque, dobre e guarde a roupa. Ao fazer isso, observe itens de guarda-roupa que nunca ou raramente aparecem na área de serviço, porque, se não estão sendo usados, é provável que esteja na hora de se livrar deles.

Limpe os banheiros. Há embalagens de produtos vazias ou outros itens dos quais você possa se livrar? Quanto maior for a sua família, mais rápido os recipientes de produtos serão esvaziados.

Orientações para a manutenção ANUAL

Mudanças de estação, momentos marcantes e ocasiões especiais que ocorrem todos os anos dão oportunidades para renovarmos o minimalismo da nossa casa. Faça uso criativo dessas situações para atualizar o minimalismo no seu lar.

Depois do Natal e de aniversários. Se você ou seus filhos ganharam brinquedos ou outros presentes, há algum que queira repassar enquanto ainda está novo? De quais coisas velhas pode se livrar para abrir espaço para as novas que decidir manter?

Depois de qualquer festividade em que tenha decorado a casa. É hora de jogar fora algum dos enfeites? Faça isso e guarde o que deseja manter.

Depois de pagar seus impostos. Quais documentos podem ser digitalizados, triturados ou reciclados?

Limpeza de primavera. Adote a interessante tradição de usar a primavera para fazer uma limpeza profunda e jogar fora tudo que é desnecessário.

Venda de garagem na vizinhança. Uma venda de garagem é uma maneira demorada de ganhar muito pouco dinheiro. Mas talvez seus vizinhos não saibam disso e você possa adicionar seus itens ao que eles estão vendendo.

Começo de um novo ano escolar. Reavalie as roupas, mochilas e materiais escolares dos seus filhos. De que itens novos eles precisam, e de que quantidade equivalente de coisas você pode se desfazer para manter o equilíbrio?

Faça a transição da estação quente para a estação fria, ou vice-versa. Se você tiver conjuntos diferentes de roupas de inverno e de verão, dê uma olhada no que tem quando chegar a hora de reorganizar seu armário. Talvez não use mais alguns itens ou nunca os tenha usado. Ao olhar para eles de novo, você poderá perceber alguns que não deseja mais e que podem ser doados.

Orientações de manutenção para as FASES DA VIDA

Todos nós passamos por grandes transições na vida, embora não sejam necessariamente as mesmas e possam não vir ao mesmo tempo ou na mesma ordem para todos. Em cada transição, a pergunta *Eu preciso disso?* torna-se relevante de uma maneira diferente, por causa do nosso novo contexto de vida. Talvez precisemos reminimizar a cada vez... e encontrar novos benefícios do minimalismo que nos ajudem a aproveitar ao máximo nossa atual fase.

Você terminou seus estudos universitários e começou a trabalhar? Passar a receber o contracheque de um trabalho em horário integral pode ser inebriante, e as tentações do consumismo serão fortes. Agora é hora de desenvolver cuidadosamente o hábito de pensar antes de comprar qualquer coisa, determinando a escolha de objetos de qualidade que durarão e cuidando bem de seus pertences.

Você vai se casar? Seja estratégico e contido ao montar sua lista de presentes. E saiba que provavelmente ganhará muitos objetos duplicados, dos quais poderá se desfazer ao juntar as coisas do cônjuge com as suas. Trabalhe com seu marido ou esposa no desenvolvimento de uma filosofia compartilhada do minimalismo. Essa parceria tornará a vida minimalista mais fácil para o resto de sua vida.

Uma criança está chegando à sua família? Não ceda à falsa mentalidade de "eu preciso disso tudo". Faça uma lista e seja racional em suas compras e pedidos de presentes. Monte um quarto simples, que lhe permita passar mais tempo com seu filho e menos tempo cuidando das coisas dele. Essa é uma oportunidade de iniciar práticas de paternidade minimalistas que você desenvolverá nos próximos anos.

Seus filhos estão passando pelas próprias transições? De bebês a crianças pequenas, até a idade pré-escolar, o ensino fundamental, o início, o meio e o fim da adolescência, nossos filhos passam por mudanças mais rápido do que nós. É claro que eles precisarão de roupas e brinquedos novos à medida que crescem, mas, a cada rodada de compras, você pode exercitar a moderação naquilo que adquire, além de eliminar itens do estágio anterior da vida de seus filhos. À medida que eles crescem, revisite e reforce limites com eles, ajudando-os gradualmente a assumir mais responsabilidade pela manutenção do minimalismo no lar conforme amadurecem.

Você conseguiu um novo emprego, está passando por um período de desemprego, está tentando uma carreira diferente ou iniciando um negócio? Talvez possa se livrar de algumas ferramentas antigas ou de roupas de trabalho para compensar as novas que comprou. Talvez deva repensar o que precisa ter em seu home office. Talvez possa vender algumas de suas coisas para ganhar dinheiro.

As crianças estão começando a vida adulta fora de casa? Ou você perdeu um cônjuge por morte ou divórcio? Quando pessoas queridas deixam a casa, é claro que sofremos. Mas, quando for a hora certa, olhe para as coisas que restaram, guarde algumas das melhores lembranças e se livre do que puder.

Alguém está voltando para casa? Parece que é cada vez mais comum hoje em dia um jovem adulto voltar para casa enquanto estabelece uma carreira, ou um pai idoso que precisa de assistência ir morar com um filho ou filha. Se você tem um filho bumerangue voltando para casa, explique suas crenças minimalistas e coloque alguns limites no que ele pode trazer com ele.

Você está se aposentando? Pode se livrar das roupas que usava para trabalhar? É hora de repensar os pertences que usa nas horas de lazer? Como pode simplificar a carga de trabalho em casa para tornar as coisas mais fáceis? Aproveite melhor a sua aposentadoria gastando menos tempo com a sua casa e mais tempo em atividades que o mantenham saudável e feliz. Seu melhor legado não serão os bens que você deixa, e sim o bem que você faz, os relacionamentos que constrói e as memórias que deixa.

PARTE III

Futuro

11
Uma pequena sugestão

Se você optar por se mudar para uma casa menor, poderá multiplicar os benefícios que já conquistou com a minimização

Alguns anos depois de termos minimizado nossa casa em Vermont, meu blog estava ficando conhecido e eu começava a receber pedidos de entrevista. Em uma manhã úmida de agosto de 2010, eu estava sentado na varanda dos fundos da casa de um parente, no Nebraska, enquanto respondia por telefone a algumas perguntas de Christina Hernandez, da CBS.[1]

A certa altura, ela me perguntou sobre os "pontos de atrito" enquanto eu tentava praticar o minimalismo.

Como as boas perguntas geralmente fazem, essa me levou a refletir sobre minha experiência pessoal com o minimalismo. Depois de pensar um pouco, respondi que meus dois grandes objetivos remanescentes eram me livrar de um dos nossos dois carros e me mudar para uma casa menor.

Pouco tempo depois, minha esposa e eu experimentamos usar apenas um carro... Mas logo voltamos a usar dois. Ainda acho que o objetivo de ter apenas um carro (ou mesmo nenhum carro) por família é ótimo para muitas pessoas. Para nós, porém, em uma fase movimentada da vida, com dois filhos e dois empregos, e vivendo em uma área com transporte público limitado, manter dois carros parece mais sensato.

Fomos mais bem-sucedidos em meu outro objetivo: reduzir o tamanho da nossa casa, quando nos mudamos de Vermont para o Arizona, em 2011.

O mercado imobiliário era consideravelmente mais barato na área de Phoenix do que em Vermont, e poderíamos facilmente ter ido para um lugar maior quando nos mudamos — o que muitas pessoas na nossa situação teriam feito. E o que *nós* teríamos feito antes de descobrirmos o minimalismo e seus benefícios. Mas nunca consideramos comprar uma casa maior. Em vez disso, esperávamos passar para uma menor.

Na verdade, o tamanho reduzido da casa nem sequer era um objetivo em si. Estávamos procurando o lar ideal para nós, que comportasse a nossa jovem família e promovesse nossos valores. Porém, como minimalistas, sabíamos que uma casa ótima seria relativamente pequena.

> Menos casa, mais lar. Reduza. **#casaminimalista**

Eu me mudei para Phoenix para trabalhar em uma igreja, e queríamos morar no mesmo bairro onde ficava a igreja, então isso resolveu a questão da localização. Quanto à casa, nossa lista final de coisas das quais não abríamos mão consistia em três quartos, uma sala de jantar e uma sala de estar suficientes para nos distrairmos, um ambiente externo agradável e uma casa de boa qualidade.

Ficamos gratos por encontrar uma que se encaixasse perfeitamente nos nossos critérios, sem extras desnecessários. Seus benefícios foram grandes e os fardos foram poucos. Ao nos mudarmos, reduzimos o tamanho da nossa casa de mais de duzentos metros quadrados para menos de 150 metros quadrados. Ao mesmo tempo, reduzimos o pagamento da hipoteca quase pela metade e desfrutamos de uma construção de maior qualidade, e ainda descobrimos que gastaríamos menos tempo e dinheiro em manutenção do que gastávamos com a nossa casa em Vermont.

Com base na nossa experiência e na minha observação de outras pessoas que se beneficiaram com a redução, gostaria de fazer uma pequena sugestão para você (se me desculpar o trocadilho): será que o seu próximo passo poderia ser se mudar para uma casa minimalista *menor*?

Entendo que a redução não seja para todos. Possivelmente, você já mora no menor lugar em que sua família poderia viver. Talvez ame tanto sua casa recém-minimizada agora que não sonharia em deixá-la. Esses são ótimos motivos para ficar.

Por outro lado, depois do que você fez para minimizar sua casa, talvez já tenha começado a enxergar a mudança para um lugar menor como o próximo avanço lógico a ser feito. Talvez você tenha percebido que não precisa de uma sala de estar *e* de uma sala íntima. Talvez os armários e espaços de armazenamento que pareciam inadequados agora pareçam excessivos. Talvez você nunca tenha se acostumado com o quarto de hóspedes. Talvez agora você perceba que sua casa tem mais metros quadrados do que sua família precisa. E, como consequência, talvez seja hora de minimizar não apenas os objetos dentro da sua casa, mas a própria casa!

REDUÇÃO AO LONGO DAS DÉCADAS

As vantagens de uma casa menor quando se é mais jovem

Vários casais jovens compram a maior casa que podem pagar assim que um banco diz que seu crédito será aprovado. E assim eles começam uma vida inteira carregando grandes dívidas de hipotecas ou financiamentos. O que eles não pensam é na flexibilidade e liberdade de que estão abrindo mão em troca de metros quadrados.

Se sua família for mais jovem, compre apenas a casa de que precisa, não se sobrecarregue contraindo mais empréstimos do que o necessário. Estabeleça as bases de uma vida na qual você (não os credores) controla o seu bem-estar financeiro e seu estilo de vida.

As vantagens de uma casa menor quando se é mais velho

À medida que as pessoas entram na meia-idade, se conseguiram guardar algumas economias e obter certo patrimônio, o pensamento mais recorrente é o de que

> "recompensarão" a si mesmas com uma casa maior. No entanto, se o ninho for esvaziado mais ou menos ao mesmo tempo, talvez precisem menos do que nunca de uma casa grande.
>
> Se você está chegando a um momento em que tem mais recursos financeiros, pare para pensar no tipo de casa que serviria melhor ao seu estilo de vida. Pode ser uma questão mais de localização, configuração ou qualidade da construção do que de tamanho.

Em média, um norte-americano se muda onze vezes durante a vida.[2] Onze por cento dos cidadãos do país se mudam todo ano.[3] Pode ser que em breve surja uma ocasião em que você vai precisar pensar no tipo de lar que deseja ter. Mudar-se para uma casa menor pode ser uma transição oportuna para começar a planejar. Agora pode ser a hora de começar a aplicar o *Eu preciso disso?* à sua casa inteira.

Mesmo que você não esteja considerando a redução até esse ponto (ou quem sabe esteja), deixe-me incentivá-lo a continuar a ler este capítulo. Eu vou focar nos benefícios de ter uma casa menor, e eles são muitos. Sem dúvida se mudar é uma tarefa árdua, mesmo depois de ter minimizado suas posses. No entanto, se você conseguir fazer isso, a redução é uma oportunidade para obter enormes vantagens adicionais na sua vida de forma simples e significativa.

Mudar-se para um lugar menor não é algo que nos restringe. Em vez disso, abre inúmeras possibilidades!

Razões e fases para a redução

Quando alguém escolhe se mudar para uma casa menor, fica óbvio que decidiu ir contra a cultura do "quanto mais e quanto maior, melhor".

O tamanho das casas nos Estados Unidos tem aumentado constantemente por décadas. A área média das novas residências americanas em 1975 era de 152 metros quadrados.[4] Em 2015, apenas quarenta anos depois, essa medida mudou para 249 metros quadrados.[5]

Ao mesmo tempo, o número médio de pessoas por domicílio foi baixando ligeiramente, de 2,94, em 1975, para 2,54 em 2015.[6] Portanto, a quantidade de espaço habitável por pessoa, em média, tem aumentado ainda mais rápido do que o tamanho das casas. A mesma tendência se percebe na maioria das nações desenvolvidas, à medida que a riqueza se expande e as taxas de fertilidade diminuem.

Para muitas pessoas, uma casa grande é vista como um fator obviamente positivo: por que você não moraria em uma casa grande se pudesse comprar uma? Certamente, todos têm direito de pensar dessa forma. E, se alguém tem uma família grande, eu concordaria que uma casa com vários quartos pode ser aquilo de que essa pessoa precisa. No entanto, eu sei (e agora *você* também sabe) que casas maiores oneram as finanças da família, geram mais espaço para se lotar de coisas e dão mais trabalho na hora de manutenção.

Eu me sinto grato ao perceber uma aparente transformação em nossa sociedade, pois muitos estão começando a questionar se a mudança para lares cada vez maiores deve continuar sendo uma meta. Uma pesquisa conduzida pelo site imobiliário Trulia mostra que, dos proprietários que moram atualmente em residências com mais de 185 metros quadrados, uma clara maioria (60%) escolheria uma casa menor caso se mudasse.[7]

1975
Tamanho médio da casa:
152 metros quadrados.
Tamanho médio da
família: 2,94 pessoas.

2015
Tamanho médio da casa:
249 metros quadrados.
Tamanho médio da
família: 2,54 pessoas.

> ## METROS QUADRADOS DAS RESIDÊNCIAS AO REDOR DO MUNDO
>
> Média de espaço residencial por pessoa (em metros quadrados) em países selecionados:[8]
>
> | | |
> |---|---|
> | Austrália: 89 | Japão: 35 |
> | Estados Unidos: 77 | Reino Unido: 33 |
> | Canadá: 72 | Espanha: 34 |
> | Dinamarca: 65 | Itália: 31 |
> | Alemanha: 54 | Rússia: 22 |
> | Grécia: 44 | China: 19 |
> | França: 43 | Hong Kong: 14 |
> | Suécia: 39 | |

Você faz parte da maioria que pensa pequeno em vez de pensar grande na hora de escolher a próxima casa? Talvez esteja chegando a hora em que vai querer vender o lugar que tem e se mudar para outra casa mais aconchegante, com tudo mais próximo, e que exija menos manutenção. A redução pode ser uma ótima maneira de se posicionar melhor para o futuro que você tem em mente.

A aposentadoria ainda é a fase da vida que faz com que a maioria das pessoas escolha se mudar para uma casa menor. Mas, na verdade, existem muitas épocas apropriadas para escolher reduzir o tamanho de nossos lares. Por exemplo...

- Seu último "bebê" foi para a faculdade.
- Você se divorciou ou perdeu um cônjuge.
- Você arranjou um novo trabalho e precisa se mudar para um novo lugar.
- Sua renda caiu, tornando mais difícil cobrir as despesas com financiamento e manutenção.
- Você está tendo problemas de saúde e está ficando mais difícil dar conta das coisas em casa.

E tem mais uma:
- Você se transformou em um minimalista poderoso e simplesmente quer usufruir das vantagens de morar em uma casa menor!

Qualquer que seja sua motivação para reduzir o tamanho da sua casa, você vai adorar os benefícios que acompanham essa mudança. Deixe-me destacar alguns.

1. *Mais dinheiro.* Falaremos sobre essa vantagem com mais detalhes em breve, e inclusive das exceções à regra, mas, em geral, uma casa menor custa menos para comprar ou alugar e para manter.

2. *Menos tempo e energia gastos na limpeza e manutenção.* Se você detesta essas tarefas tanto quanto eu, ficará feliz em saber que a minimização combinada com a redução vai diminuir o tempo gasto nessas tarefas para o mínimo possível.

3. *Maior interação familiar.* Algumas pessoas acham que ter uma casa maior, com muitas áreas para brincadeiras e conversas, será bom para seu relacionamento com a família. Mas minha experiência diz o contrário: ter mais espaço tende a isolar os membros da família em partes separadas da casa. Uma casa menor naturalmente aproxima as pessoas, levando-as a conversarem mais e a fazerem mais coisas juntas.

4. *Menor impacto ambiental.* Atualmente, os empreiteiros estão usando técnicas de construção que são mais eficientes energeticamente do que as do passado, mas você sabia que o crescimento na metragem quadrada das casas eliminou "quase todos os ganhos em eficiência"?[9] Se você se mudar para uma casa menor, no entanto, estará fazendo algo de bom para o meio ambiente, usando menos energia e menos recursos naturais.

5. *Perpetuação mais fácil do seu minimalismo.* Quando você se muda para uma casa menor, reduz seus pertences ainda mais. Além disso, não ficará tão tentado a comprar coisas novas de que não precisa, porque não haverá espaço para nada disso. É fácil manter o minimalismo quando você mora em uma casa pequena.

6. *Mercado mais amplo para vender.* Como uma casa menor geralmente também é menos cara, quando você vende a sua casa reduzida o preço a torna acessível para um grande percentual de pessoas que buscam um imóvel para comprar. Portanto, você vai ser capaz de sair da sua casa menor mais rápido.

E essas são apenas as vantagens gerais da redução. Quem sabe quais vantagens você pode encontrar em uma casa menor, até mesmo indo além do que esperava inicialmente, depois de se mudar?

Talvez você se sinta inspirado a se tornar uma pessoa mais criativa ao residir em um bairro antigo e pitoresco e deixar de viver em um bairro de classe média onde você pode ter uma casa de qualquer cor, desde que seja bege.

Talvez colocando seus filhos pré-adolescentes para compartilhar um quarto eles socializem melhor e desenvolvam laços mais estreitos.

Talvez você e seu cônjuge redescubram um ao outro quando passarem algum tempo juntos em vez de se dividirem cuidando da casa.

Quando chegar a hora certa de se mudar, o lado positivo da redução será enorme, incluindo muitos benefícios pessoais e não previstos. Foi isso que muitas pessoas que decidiram reduzir descobriram, entre elas Kay Emery, de Omaha, Nebraska. Estou bastante familiarizado com a história dela porque é a minha sogra.

Sem arrependimentos

Alguns anos atrás, após a morte de seu marido, Kay mudou-se de uma casa de cerca de 220 metros quadrados para uma bem menor, de um só andar. Ninguém teve que convencê-la a fazer isso. Ela estava pronta.

"Depois de morar na minha casa por 33 anos, criar três filhos e cuidar do meu marido durante sua prolongada luta contra o câncer", disse Kay, "eu estava pronta para uma mudança. Algumas características físicas da casa estavam ficando difíceis para mim quando fiquei mais velha, como subir escadas. Porém, ainda mais do que isso, eu queria um novo começo, partindo do zero, uma casa que tivesse sido construída do modo como eu sonhava para a próxima fase da minha vida."

Ela admitiu que o processo de minimizar seus bens para se mudar não foi fácil no início. Havia muitas lembranças dos mais de trinta anos passados ali. Ela teve que classificar os objetos da infância dos filhos, os pertences do marido que havia morrido recentemente e os itens de valor sentimental deixados pelos pais dela e pelo marido.

"Minhas filhas vieram e me ajudaram. Foi difícil no começo, mas acabou se tornando um exercício libertador para mim. Eu estava ansiosa por uma casa menor, mas foi definitivamente difícil ver a caçamba ser levada no primeiro dia e encarar o trabalho que ainda estava por vir. Mas não demorei muito para entrar no ritmo. Acabei organizando duas vendas de garagem, fazendo várias viagens a uma instituição que recebia doações e lotando uma caçamba inteira com coisas das quais me desfiz — tudo em um curto período de tempo. Eu não pude acreditar."

Sempre que minha família vai visitar Kay, ela diz que não poderia estar mais feliz no novo lar. "Eu gasto muito menos tempo limpando e muito menos dinheiro com a minha casa", explicou ela. "Além disso, a mudança de um grande terreno, onde eu era responsável por todo o trabalho de cuidar, aparar e conservar o gramado, para um terreno menor mantido pela associação de moradores do condomínio libertou minha vida de forma considerável, tanto financeiramente quanto em termos de tempo e energia. Eu posso sair, fazer mais coisas e ver meus amigos. Posso viajar sem muitas preocupações. Tenho menos preocupação com a casa."

"Além disso", ela continuou, "estou agradecida por ter ficado livre para estar presente e apoiar meus amigos quando eles precisam de mim. Quando meu marido estava doente, especialmente perto do fim, precisei dos meus amigos e eles estiveram ao meu lado. Agora eu posso fazer isso pelos outros. Nesta fase da nossa vida, muitos de nós estamos sofrendo perdas — de cônjuges e entes queridos, de saúde e de habilidades físicas. Eu realmente acredito que esta casa reduzida me permitiu ser uma amiga melhor para aqueles que eu amo nos momentos em que eles mais precisam."

Ela continuou: "Se eu tenho algum arrependimento é de não termos feito essa mudança antes, quando meu marido era mais saudável. Poderíamos ter desfrutado da liberdade juntos. Eu me tornei uma defensora da redução, convencendo vários amigos a fazer o mesmo. Nenhum deles se arrependeu. Estamos nos divertindo muito."

Redução em números

Como eu disse antes, quando decidimos reduzir, as parcelas do financiamento da nossa casa caíram pela metade. Minha sogra também economizou dinheiro. E posso dizer que provavelmente você verá vantagens financeiras ao reduzir o tamanho da sua casa. Mas cada transação imobiliária é diferente, e não se trata de uma equação simples. Temos que avaliar as variáveis.

O motivo de ser tão importante calcular os custos relativos à moradia quando nos mudamos é que essas despesas compõem uma parte bem grande do orçamento típico de uma família. Para os proprietários das casas, as despesas com moradia representavam pouco mais de 33% dos gastos totais do consumidor norte-americano médio em 2014.[10] E os locatários não estão indo muito melhor. Infelizmente, "o aluguel médio em todo o país chega a abocanhar 30,2% da renda do americano médio, o maior custo" para alugar desde que o acompanhamento começou, em 1979.[11]

Ser dono de uma casa é evidentemente caro. Em novembro de 2017, o preço médio dos imóveis nos Estados Unidos era de 248 mil dólares.[12] O financiamento bancário médio é de 225 mil dólares, com um pagamento mensal de hipoteca de pouco mais de mil dólares e uma boa porcentagem de juros totais pagos ao longo dos trinta anos do empréstimo.[13] E nem começamos a contar a manutenção. Em 2016, os proprietários de residências nos Estados Unidos gastaram 361 bilhões de dólares coletivamente (uma quantia maior do que o PIB de mais de 80% das nações do mundo) em melhorias, manutenções e reparos domésticos.[14] Todas essas grandes casas que estamos construindo estão sugando nosso dinheiro suado em um ritmo incrível.

Quem está se beneficiando de todos esses gastos? Você? Ou os bancos, corretores de imóveis, empresas de reformas e outros profissionais da área de habitação?

Exemplo: Economia feita com a redução	
Custos associados a uma casa de 229 metros quadrados	Custos associados a uma casa de 148 metros quadrados
Preço de compra: US$ 303.441	Preço de compra: US$ 196.800
Pagamento inicial: US$ 30 mil	Pagamento inicial: US$ 30 mil
Pagamento mensal de financiamento: US$ 1.781	Pagamento mensal de financiamento: US$ 1.113
Seguro mensal do financiamento (para 88 meses): US$ 228	Seguro mensal do financiamento (para 38 meses): US$ 139
Seguro mensal: US$ 145	Seguro mensal: US$ 104
Imposto mensal sobre a propriedade: US$ 291	Imposto mensal sobre a propriedade: US$ 189
Pagamentos mensais de serviços: US$ 345	Pagamentos mensais de serviços: US$ 224
Custos mensais médios para reparos e manutenção: US$ 254	Custos mensais médios para reparos e manutenção: US$ 164
Despesas mensais totais: US$ 3.044	Despesas mensais totais: US$ 1.933
Economia anual total devido à redução: US$ 13.332 Economia total ao longo do empréstimo de trinta anos: US$ 378.448	

Tabela em dólares para mera comparação. Pesquise sobre os custos reais no país e região em que mora. Os custos e economias individuais podem variar consideravelmente.[15]

Por que não tentar manter mais dinheiro na sua própria conta bancária? Sua maior despesa também é sua maior oportunidade de fazer uma mudança na sua situação financeira.

As vantagens financeiras que podem surgir quando se vende uma casa grande para comprar uma pequena podem incluir:
- reduzir ou até mesmo eliminar o pagamento das parcelas de um empréstimo financiamento;
- eliminar seu seguro de financiamento (se estiver pagando agora);
- diminuir seu IPTU;
- diminuir seu seguro de propriedade;
- reduzir seus custos com as contas básicas da casa;
- reduzir seus custos de manutenção.

Eu digo que esses *podem* ser os benefícios em termos financeiros porque isso depende de alguns fatores. Por exemplo, se você se mudar para uma área de custo mais alto, sua casa nova menor poderá valer tanto quanto sua casa antiga maior e, portanto, poderá ter parcelas, IPTU e seguro de propriedade semelhantes. Talvez você até tenha despesas novas quando se mudar, como taxas do condomínio ou da associação de moradores. (Porém, mesmo nesse caso, uma casa menor resultará em maior economia do que uma casa maior no mesmo bairro.)

Os custos com as contas básicas e a manutenção, por outro lado, quase sempre são menores em uma casa menor, especialmente se você se mudar para uma casa eficiente e bem construída.

"Uma grande economia que vem com a redução da sua casa é o custo das contas básicas", disse Charlotte Local, diretora de operações de transferência na Enact, uma empresa de consultoria que trabalha com estratégias sustentáveis. "Quanto menores o número e o tamanho dos cômodos de uma casa, menos você precisa gastar com aquecimento, porque o calor será mais bem contido em um espaço menor. Da mesma forma, você economiza em eletricidade, por ter menos cômodos para iluminar, o que significa também que terá menos objetos elétricos em cada quarto."[16] Mudar-se de uma casa de 270 metros quadrados para uma de apenas noventa metros quadrados "poderia reduzir sua conta de energia elétrica em até duzentos dólares por mês".[17]

> Ao mesmo tempo que nossas casas estão ficando maiores, nossas famílias estão se desfazendo. Coincidência? **#casaminimalista**

Quando nos mudamos para Phoenix, uma das poucas coisas de que não gostamos na casa nova foram os carpetes. Se fosse uma casa maior, talvez tivéssemos simplesmente mantido os carpetes ruins, já que seria caro demais substituí-los. Porém, como uma casa menor, vimos que o custo para comprar carpetes novos seria razoável. Então, fomos em frente e os trocamos por outros de maior qualidade — e adoramos o resultado. Desde então, descobrimos que muitos custos de manutenção, como pintura, limpeza dos pisos e até mesmo dedetização, podem ser mais baratos em uma casa menor.

Ao calcular os efeitos financeiros da redução (especialmente quando não é necessário se mudar), você também deve considerar os custos únicos que acompanham qualquer mudança:

- reparos ou melhorias em sua antiga casa para torná-la mais fácil de vender, ou, caso você more em um imóvel alugado, para atender às exigências do proprietário;
- despesas de viagem, se estiver comprando uma nova casa em uma região diferente;
- depósito que poderá precisar contratar para armazenar temporariamente suas coisas;
- comissão de corretores;
- custos com burocracia;
- despesas de mudança;
- reparos ou melhorias que desejar fazer na casa nova;
- móveis ou itens de decoração para o novo lar.

Tudo isso vai alcançar uma soma monetária muito alta. Mas, se você estiver se mudando para uma casa mais barata, poderá compensar esses custos em apenas um ou em poucos anos, no máximo.

A longo prazo, considerando tudo isso, a redução quase sempre significa mais dinheiro no banco. E até *muito* mais.

Então comece a pensar no que fará com qualquer ganho financeiro (lucro com a venda da sua antiga casa, além de qualquer economia de custo mensal que você perceba) após a sua mudança. Vai usar o lucro da venda em seu novo financiamento, cortando assim o pagamento mensal? Vai pagar a dívida do cartão de crédito? Colocar dinheiro na previdência privada? Matricular seus filhos em uma escola melhor? Aumentar suas doações para alguma boa causa? Viajar? Começar um novo negócio?

Combinadas com as vantagens mais pessoais e menos materiais da redução, as possibilidades financeiras deveriam bastar para que muitos de nós começássemos a pensar em como seria procurar uma casa menor para morar.

Como comprar uma casa perfeita para você

Pense por um instante no que as pessoas normalmente fazem ao comprar uma casa nova. Muitas vezes, o primeiro passo é obter uma pré-aprovação para um empréstimo. Elas veem as listas de imóveis à venda e começam a procurar a casa com um corretor, geralmente visando as que estão no topo da faixa de preço que podem pagar (às vezes até mais). Enquanto isso, pensam: *Ah, seria legal ter um quintal enorme... como o daquelas pessoas.* Ou: *Adoro a cozinha sofisticada daquela casa.* Ou: *Aposto que usaríamos todo dia uma sala de cinema daquelas.* Em geral, o orçamento delas não acompanha todos os desejos, mas as pessoas o esticam ao máximo e compram a casa maior e mais chique que podem, já sonhando com o momento em que poderão vendê-la e comprar outra ainda maior.

> Compre a casa de que você precisa, não a que pode pagar. **#casaminimalista**

Depois de ter reduzido minha casa e conversado com muitas pessoas que fizeram o mesmo, hoje acredito que há uma maneira muito melhor de encontrar uma casa que seja um sonho minimalista, não uma fantasia materialista. Assim como o Método Becker de minimizar, é um processo que vai contra toda uma cultura e tem um grande propósito. Considere isso o Método Becker, Edição Casa Inteira, para pessoas que estão prontas para se mudar para uma casa menor.

Quando for procurar uma casa de tamanho reduzido, comece se fazendo algumas perguntas. Primeiro de tudo: que *tipo de casa* você quer? Se já mora em uma casa, seu novo local pode ser uma casa menor. Mas existem outras opções. Você quer o baixo custo de manutenção de um apartamento? É hora de se mudar para um retiro de idosos? E quanto a algumas das opções mais extremas ou exóticas, como viver em um trailer, minicasa ou uma casa-contêiner?

Em seguida, crie uma lista de itens *essenciais* para sua casa nova. Coisas como a região da cidade em que quer morar, o tipo de planta que funciona para você, o número de quartos de que sua família precisa, a escola que deseja para seus filhos e muito mais. Descreva por escrito aquilo de que precisa. Este é o seu guia.

Você quer *alugar* ou *comprar*? Ambas são opções válidas, e em breve abordarei as duas em mais detalhes.

Se você tiver tempo, dinheiro e souber como, talvez deva considerar a terceira opção de *construir* exatamente a casa que deseja no terreno que escolher. Em algumas regiões, construir faz muito sentido em termos financeiros, mas você precisa considerar tudo que isso implica.

Quando começar a buscar sua nova casa para alugar, comprar ou construir, *procure o menor imóvel* que atenda a esses desejos e necessidades. Nem olhe as casas grandes disponíveis, porque podem inspirar certa ganância. Não se deixe seduzir por coisas extras de que você não precisa, que só o obrigariam a desperdiçar seus recursos.

É claro que você *deve calcular quanto pode pagar*, tanto adiantado (se for comprar ou construir) quanto mensalmente. Porém, se estiver pensando de forma minimalista, esse cálculo não é uma meta de preço de compra. É uma verificação de segurança para garantir que não gaste além do planejado. O lema do minimalista ao comprar uma casa é "compre a casa de que você precisa, não a que pode pagar". Repita isso muitas vezes.

Agora *vá procurar a casa*. Divirta-se fazendo isso. Lembre-se de todos os benefícios que vai ter com a mudança. Compre quando encontrar a casa pequena dos seus sonhos.

Lar com menos espaço, vida com mais espaço.

Nova locação na vida

Nós temos uma casa, gostamos de ser proprietários da casa e achamos que faz sentido em termos financeiros e práticos para a nossa família ter um imóvel neste momento. Mas tenho a sensação de que, algum dia, nossos dois filhos vão sair de casa e nos deixar sozinhos. Então seremos apenas Kim e eu, e, quem sabe, talvez vendamos nossa casa e aluguemos outra.

Certa vez ouvi alguém (gostaria de lembrar quem) dizer: "Meu sonho é alugar um apartamento perto de uma estação de trem que me leve a um aeroporto, de onde eu possa ir para qualquer lugar do mundo." Nunca esqueci isso. Talvez seja assim que Kim e eu comecemos a viver quando formos mais velhos. Você poderá nos encontrar em uma rua de Kuala Lumpur ou fazer um passeio de barco conosco no Rio de Janeiro. Não ficaremos preocupados com nosso apartamento, porque ele ficará trancado, em segurança.

Inspiração
MAIS ASAS QUE RAÍZES

Depois que Jeff e eu nos casamos, assim como a maioria dos jovens casais, presumimos que deveríamos comprar uma casa e "estabelecer raízes".[18]

E então veio Emma, a primeira dos nossos três filhos.

Foi quando Jeff e eu tivemos uma conversa sobre como realmente queríamos viver. Decidimos que queríamos uma casa com o mínimo de manutenção possível, o que, para nós, significava não ter nenhum trabalho no quintal, nada de usar pás, fazer consertos ou reformar a casa, e nenhum empréstimo ou dívidas.

Temos muitos amigos que são donos de imóveis e gostam de fazer jardinagem, de mexer no quintal e têm orgulho de investir em sua casa. Eu gostaria de encontrar alegria nisso. Mas não consigo. Nem o Jeff. Portanto, admitir isso e caminhar em direção a uma vida diferente, mais autêntica para quem somos, foi libertador.

A vida que estamos construindo é focada um no outro. Nas pessoas. E na experiência. E, embora a casa própria possa estar fortemente ligada à forma como algumas famílias vivem, para nós isso era uma distração.

Com o aluguel, temos a liberdade de deixar de lado o que vai acontecer no resto de nossas vidas e abraçar a vida enquanto ela acontece.

Construir um "lar para a vida toda" requer prever quantas pessoas preencherão essa casa em todos os momentos. E como o espaço será usado desde a infância até a adolescência.

Em vez disso, vivemos em um espaço que serve à nossa família e às necessidades de agora. E, quando essas necessidades mudam, temos a liberdade de nos mudar para outro lugar sem muita dificuldade.

Quando chegar o dia em que estivemos prontos para fazer viagens longas, poderemos planejar sem o estresse de vender uma casa. E a poupança que foi criada com o dinheiro que sobrou e não gastamos agora pode ser usada para qualquer investimento que valha mais a pena.

Todos os dias saímos, vamos até um quarteirão movimentado e passeamos pela rua em direção a um parquinho cheio de famílias. Ou caminhamos até um campo lindo e arborizado, com um espaço quase ilimitado para as meninas brincarem, enquanto eu me sento

> em um banco e relaxo, observando-as se tornarem cada vez mais independentes.
> Estou em paz. Esta vida é perfeita para nós, e eu estou muito feliz com a nossa escolha.
>
> Rachael, Estados Unidos

Pode haver muitas razões, em todas as fases da vida adulta, para alugar em vez de comprar uma casa. Supostamente, parte do sonho americano é a casa própria. Mas sabe de uma coisa? Quem se importa? Se algum outro modo de vida permitir que você viva o *seu* sonho, vá em frente.

Pese os benefícios e fardos de ter uma casa própria, depois faça o mesmo com o aluguel e veja qual opção parece melhor.

A razão de isso ser uma questão de redução é que muitas vezes pode ser mais fácil encontrar casas menores para alugar do que à venda. Na verdade, em contraste com a expansão do tamanho das casas, nos Estados Unidos os apartamentos têm diminuído de tamanho. Entre 2006 e 2016, o tamanho médio de um apartamento novo caiu 8%, para 86 metros quadrados. Isso significa que o apartamento médio nos Estados Unidos é agora cerca de um terço do tamanho médio de uma casa nova no país.[19] No Reino Unido, o apartamento médio de um quarto é ainda menor, apenas 45 metros quadrados.[20] O aumento dos preços, a aglomeração urbana e a diminuição do tamanho das famílias são frequentemente citados como razões para os apartamentos pequenos de hoje.

Há grandes apartamentos e casas grandes para alugar, é claro, mas, se você estiver procurando um lugar menor para morar, os imóveis para aluguel oferecem muitas opções. Ainda assim, você deve pensar no tamanho em consonância com outros fatores quando estiver se decidindo entre compra e aluguel.

Outro fator importante diz respeito às finanças.

A longo prazo, a compra é geralmente uma opção financeira melhor do que o aluguel. Ao contrário dos pagamentos de aluguel, que estão sujeitos à inflação e aumentam com o tempo, uma casa comprada costuma ser uma proteção contra a inflação. Além disso, os valores das casas geralmente aumentam com o tempo.

A curto prazo, contudo, alugar uma casa pode ser mais barato. O aluguel evita o custo (e o incômodo) de comprar e vender, o que pode demorar um pouco para compensar com um aumento do valor da casa. Além disso, como o aluguel é feito com um pagamento mensal que cobre certos itens extras de manutenção, isso permite que você evite custos inesperados. Se você tem medo de que a falta de um imóvel como garantia o coloque em uma situação financeira complicada mais tarde na vida, ponha algumas de suas economias em investimentos.

No entanto, por mais importante que seja o cálculo do dinheiro, o que importa ainda mais é que você esteja fazendo a escolha certa de comprar ou alugar com base nos seus sonhos e desejos.

- Você se vê morando em um mesmo lugar e precisando da mesma quantidade de espaço por um tempo? Você gosta da sensação de que a sua casa pertence totalmente a você e que pode fazer o que quiser com ela? O acúmulo gradual e constante do valor da casa está alinhado aos seus objetivos financeiros mais amplos? Talvez comprar seja melhor para você.
- Você acha que pode querer se mudar de novo em breve? Você quer o estilo de vida de uma casa de baixa manutenção? Está preocupado que sua renda possa ficar instável? Acha que apreciaria as comodidades de um apartamento? Quer viajar por longos períodos? Se sim, talvez alugar seja a melhor opção para você.

Não há certo ou errado no debate sobre compra *versus* aluguel. Tudo que estou dizendo é que, se você estiver interessado em reduzir o tamanho, deve ao menos considerar o aluguel, com base em uma combinação de objetivos práticos e de aspiração.

Evitando a armadilha da comparação

Eu estava na casa de um conhecido, Mick, numa tarde de sexta-feira. Era uma casa maior do que a média, com palmeiras e uma piscina no quintal. Embora fosse inegavelmente bonita, parecia um pouco excessiva para mim. Claro que não falei nada disso para ele, porque não era da minha conta. Eu estava lá para conhecer melhor Mick e conversar sobre um projeto em que estávamos trabalhando juntos.

Enquanto estávamos batendo papo, Mick começou a lamentar o fato de que ele e a esposa iam receber amigos para jantar naquela noite.

Isso soou estranho para mim. Então perguntei: "Por que você não está feliz em jantar com seus amigos?"

Mick me explicou que, algumas semanas antes, ele e sua esposa estavam em uma festa quando conheceram um casal com quem imediatamente se deram bem. Então eles decidiram se reunir novamente. Na verdade, eles decidiram se ver mais *duas* vezes: em um jantar na casa do outro casal e em outro na casa do Mick e da esposa.

"Então", continuou Mick, "na semana passada fomos à casa deles para jantar. Joshua, eu juro, aquela era a maior casa em que eu já estive. E tudo era lindo: a mobília, a decoração, a refeição. Agora eles estão vindo para a nossa casa hoje à noite, e estou preocupado com o que vão pensar. Não é tão grande quanto a deles."

Eu balancei a cabeça e tentei parecer empático, mas na verdade estava pensando comigo mesmo: *Nossa, que jeito terrível de viver! Estar constantemente se comparando com o que os outros têm. Não há alegria nisso.*

No entanto, é assim que muitas pessoas, não apenas Mick, vivem o tempo todo. Compram a casa maior e mais luxuosa que conseguem, mas sempre existe alguém que tem uma casa ainda maior e mais chique. E o descontentamento e a insatisfação se instalam.

Como um minimalista e reducionista, contudo, posso dizer honestamente que não quero viver em uma casa maior do que a que eu tenho agora. Nunca.

Quando passo por bairros com casas enormes, digo para mim mesmo: *Quem troca as lâmpadas naquela coisa? Que fardo seria ter que cuidar de tanta coisa!* Eu sei que a casa que temos proporciona a quantidade certa de espaço para mim e para a minha família. E, sendo assim, perdi todo o desejo de morar em uma casa maior.

E vou dizer: é melhor viver a vida desse jeito do que estar constantemente se comparando aos outros e desejando mais do que você tem. Na verdade, torço pelo dia em que as pessoas que vivem em casas excessivamente grandes fiquem mais constrangidas com o tamanho de suas casas do que as pessoas que vivem em casas do tamanho exato de que precisam.

Quando você estiver pronto para reduzir o seu lar, escolha a casa certa para você, seja ela uma quitinete, uma casa de dois quartos, uma casa de três quartos para sua família de cinco pessoas ou o que for. O segredo é que tenha tudo de que você precisa, e não mais do que isso. Nunca se envergonhe dela. Tenha orgulho de ter resistido aos modismos da sociedade e procurado exatamente o tipo de casa de que você necessita. E lembre-se de todas as coisas boas que você proporcionou para a sua vida e para as vidas de quem você ama por não desperdiçar dinheiro em uma casa maior do que o necessário.

O que dá vida a uma casa são as pessoas. Uma boa vida em família não tem nada a ver com o tamanho da casa. Então, dê mais importância às pessoas dentro da casa e menos importância à casa em si.

12
Isso muda tudo

Minimizar a sua casa revela novas possibilidades e potencialidades para a sua vida – portanto siga em frente!

Faz dez anos que decidi minimizar meus pertences. Quando comecei, não fazia ideia das mudanças que isso traria à minha vida. Eu tinha acabado de ouvir um vizinho dizer que talvez eu devesse me livrar de algumas das minhas coisas. Isso me despertou no momento certo, e (*bingo!*) eu estava pronto para me livrar do excesso. Na minha ingenuidade, eu não sabia o que esperar. Entrei no minimalismo totalmente às cegas.

Comecei a minimizar a casa com um objetivo em mente: eu queria passar mais tempo com a minha família. Eu sabia que nosso excesso de coisas estava interferindo nisso, então me sentia preparado para limpar nossa bagunça, e faria o que fosse preciso. Outra maneira de dizer isso é que ter mais tempo com a família era meu único objetivo no início. Só mais tarde enxerguei outro objetivo. E então um terceiro objetivo. Para minha surpresa, descobri que havia muitas coisas que eu poderia alcançar vivendo com menos.

Sempre digo que o minimalismo mudou tudo para mim. E isso é verdade. Mas preciso esclarecer o que quero dizer com isso.

Meus valores mais profundos não mudaram. Minha fé cristã era importante para mim antes... e ainda é. Eu era dedicado a minha esposa e aos meus filhos... e o mesmo acontece hoje. Eu via o meu trabalho como uma maneira de fazer uma diferença positiva na vida das pessoas e o meu tempo de lazer como uma chance de curtir as pessoas de quem gosto; nada mudou a esse respeito.

Fé, família e amigos: essas prioridades permaneceram inalteradas para mim. Porém, com uma casa organizada e um novo compromisso de adotar um estilo de vida simples e livre, descobri mais oportunidades de me dedicar a essas prioridades do que jamais pensei ser possível. Em vez de apenas desejar ou sonhar, estou fazendo!

Hoje sou um seguidor de Jesus melhor porque entendo o quanto meu coração estava ligado às coisas deste mundo e também porque agora estou livre para cultivar meu relacionamento com ele.

Sou um marido melhor porque tenho mais tempo para passar com minha esposa e mais recursos para gastar com ela. E sou um pai melhor, mais presente na vida de meus filhos do que costumava ser, e um exemplo mais valioso para eles.

> O objetivo do minimalismo não é apenas ter menos coisas. O objetivo é aliviar o peso sobre as nossas vidas para que possamos realizar mais. #casaminimalista

Minha capacidade de aconselhar as pessoas, contribuindo para a vida dos outros, aumentou exponencialmente e é maior do que eu imaginava que seria. Este livro é um exemplo dessa influência.

Em todas essas áreas da vida e em outras, o minimalismo me transformou. Criou espaço para coisas boas surgirem. Isso é o que ele sempre faz.

Agora, neste ponto devo reconhecer o que todos sabemos ser verdade: muitas pessoas que não são minimalistas realizam grandes feitos. Então é definitivamente possível que pessoas materialistas alcancem grandes resultados se forem talentosos e se esforçarem o bastante. Mas acho que é *mais fácil* para todos nós alcançar e expandir o nosso potencial — e é *mais provável* que realmente façamos isso — se desperdiçarmos menos tempo, dinheiro e energia comprando e cuidando de bens materiais dos quais não precisamos.

À medida que mais pessoas minimizam seus lares, o potencial cumulativo do que todos nós podemos fazer para fortalecer nosso caráter, construir nossas famílias, enriquecer a cultura e atender às necessidades facilmente extrapola os limites da minha compreensão. Nós, como sociedade, desperdiçamos tanto tempo, energia e dinheiro acumulando bens materiais que nem percebemos tudo de bom que poderíamos conseguir se deixássemos esses recursos livres para coisas melhores. Com nossas casas minimizadas, nossas vidas estão cheias de potencial em um grau muito maior do que poderíamos prever. A vida de *todos*. Até a minha. Até a sua.

Quando falei, no início de nossa jornada juntos, que fazer uma transformação minimalista na sua casa significaria que *você* passaria por uma transformação, foi isso que eu quis dizer. E isso vai mudar tudo se você escolher apenas ir aonde a jornada o levar...

Atravessando a ponte do sonhar ao fazer

Agora, você já aprendeu como organizar cada cômodo da sua casa e considerou a possibilidade de se mudar para uma casa menor. Espero também que tenha se debatido com questões maiores do que apenas quantas toalhas guardar no armário de roupas de cama ou o que fazer com toda a tralha guardada no sótão. Espero que tenha pensando no tipo de família que deseja ter, em como vai gastar seu tempo e dinheiro recém-descobertos, em onde buscará a felicidade (não em bens materiais) e em que tipo de pessoa quer se tornar.

Como Gracia Burnham, que passou um ano de sua vida como prisioneira de terroristas, certa vez me disse: "Quando tudo é retirado, começamos a ver quem realmente somos." O minimalismo não tira tudo. Mas tira tudo que é desnecessário. E nos deixa face a face conosco mesmos e com a questão do que vamos fazer com o resto de nossas vidas.

O minimalismo não muda você sozinho. Ele cria um contexto que torna mais fácil que *você* mude a si mesmo. Oferece recursos mais abundantes, que você poderá usar para tentar realizar o que quiser. Enquanto o materialismo deixa você de mãos atadas, permitindo no máximo que você sonhe em fazer algumas das grandes coisas que tem em vista, a minimização constrói uma ponte para realmente fazer essas coisas. Mas cabe a você dar os passos e cruzar essa ponte.

Como vimos, sua casa tem objetivos, cada cômodo da casa tem finalidades, e os objetos nesses cômodos devem atender a esses propósitos. E o mais importante: *você* também tem objetivos. O minimalismo ajudará a revelar esses propósitos e facilitará a busca por eles. Sua obrigação é revisitar e revisar seus objetivos, sempre que necessário, *e agir de acordo com eles.*

Como defini anteriormente neste livro, minimalismo é promover intencionalmente as coisas que mais valorizamos removendo tudo que nos distrai dessas coisas. Isso significa que criar uma casa minimalista não é um fim em si mesmo. Claro, ter um lugar organizado para morar é ótimo. Mas, mais do que isso, o minimalismo é um caminho para um fim: uma vida de paixões recém-recuperadas, de propósitos, e uma margem de vida para buscar as coisas que realmente importam. Isso parece bom, certo?

PELO QUE VOCÊ QUER QUE LHE AGRADEÇAM?

Durante uma conversa que tivemos sobre como tomar decisões, meu amigo Joe Darago me disse: "Eu só continuo perguntando: *No fim da minha vida, pelo que quero que me agradeçam?*"

Eu achei o questionamento dele profundo e esclarecedor. Se nos fizermos essa pergunta, isso nos levará a definir nossos objetivos de vida, planejar nosso legado e alinhar intencionalmente nossas ações com nossos princípios. Não é que estejamos ávidos por reconhecimento ou afirmação; é que queremos olhar para o nosso comportamento a partir da perspectiva de como isso afeta

> os outros. Mesmo que não *recebamos* agradecimentos, fizemos a coisa certa se *merecermos* agradecimentos.
>
> Ao refletir sobre isso, passei a acreditar que podemos adaptar a pergunta do meu amigo para diferentes períodos e contextos mais específicos. Por exemplo...
>
> - No fim deste dia de trabalho, quero que meus colegas de trabalho sejam gratos a mim pelo quê?
> - No fim desta semana, quero que meu cônjuge e filhos sejam gratos a mim pelo quê?
> - No fim do meu ano como voluntário neste projeto, quero que parte das pessoas que estamos ajudando sejam gratas a mim pelo quê?
>
> Esses tipos de pergunta influenciam sua vida diariamente, até mesmo hora a hora, se você permitir. Elas afetam as palavras que você usa, a expressão em seu rosto, a atenção que você dá e as maneiras como você escolhe gastar seus valiosos recursos de tempo, dinheiro e energia.
>
> Quando me faço essas perguntas, quase sempre percebo que quero que me agradeçam por ser amoroso e atencioso com a minha família, por incentivar e influenciar positivamente os outros e por viver uma vida coerente com minhas palavras e meus valores.
>
> Pelo que você quer que lhe agradeçam? Se você minimizou sua casa, dando a si mesmo mais espaço para reflexões e propósitos, pode não apenas se fazer essa pergunta, mas também começar a viver de um modo que lhe permita receber o tipo de gratidão que você mais valoriza.

Quando pergunta às pessoas o que elas mais querem realizar em suas vidas, ninguém responde: "Eu só quero ter o máximo de coisas possível." Em vez disso, falamos de amor, fé, relacionamentos e de fazer a diferença neste mundo. Falamos de viver uma vida com significado, que influencie positivamente as pessoas que mais amamos. *Este*, sim, é o propósito que nos guia.

Porém, em algum momento, o mundo sequestra nossas paixões e as direciona para coisas que não importam. E aos poucos, mas sem questionamento, sacrificamos uma vida de paixão e propósito por essas outras coisas. Contudo, o minimalismo nos chama de volta. Ele nos convida a redescobrir nosso potencial... e alinha nossos recursos para realizá-lo.

Viver uma vida com propósito é a maneira mais gratificante de se viver. Um jornalista especializado em ciência, ao investigar a conexão entre felicidade e significado, concluiu: "Quando estamos profundamente engajados em uma atividade que está de acordo com o nosso melhor eu, também relatamos os níveis mais altos de satisfação com a vida."[1] Outros pesquisadores mostraram que pessoas que têm um senso de propósito na vida vivem mais anos do que aquelas que não têm.[2] Mesmo quando uma vida de propósito custa caro, os exemplos apresentados pelos maiores homens e mulheres da história nos mostram que ela pode ter um valor duradouro para o mundo.

Então hoje, neste exato momento, em que ponto você está na definição de seus propósitos? E onde você está nessa busca? Onde quer que esteja, prossiga.

Minimizar sua casa e não usar os benefícios disso para catalisar mudanças positivas na vida é como ganhar um dinheiro inesperado e esbanjá-lo em vez de investir no futuro. Faça uso desse bem! Aproveite as oportunidades que a minimização da sua casa lhe proporcionou.

Você quebrou a inércia em que vivia ao se livrar do excesso de coisas que pesavam sobre você. E pode quebrar a inércia de apenas sonhar em fazer coisas boas também. Seu esforço será recompensado muitas vezes.

O efeito multiplicador

"Nossa jornada pelo minimalismo começou porque precisávamos pagar as dívidas", disse Dana Byers. "Começamos a vender muitas das nossas coisas porque precisávamos. Não foi a melhor das circunstâncias, de jeito nenhum."

Ela falava sobre a época em que, doze anos antes, ela e o marido, Chris, estavam passando pela luta mais difícil da vida deles até então. Seu filho de 3 anos, Blake, teve uma infecção no cérebro com risco de vida e necessitou fazer uma cirurgia. Dana teve que deixar o emprego para cuidar dele em tempo integral e, ao mesmo tempo, ela e Chris tinham que pensar em uma forma de pagar as despesas médicas.

Felizmente, Blake se recuperou por completo. Mas a família nunca mais foi a mesma após vender seus bens.

Dana disse: "O processo me obrigou a revisitar e reavaliar o caminho que eu estava seguindo. Isso nos deu tempo e espaço para reavaliar nossas prioridades na vida. De várias maneiras."

Após a minimização, Chris e Dana sentiram que deveriam adotar uma garota guatemalteca portadora de deficiência. Adicionar Mackenzie à família foi um desafio em alguns momentos, mas eles não conseguem imaginar suas vidas sem ela. Ela é uma filha amada que se adequou ao estilo de vida aventureiro deles.

Logo após a adoção, Dana e Chris descobriram uma paixão em ajudar os outros no exterior. Para perseguir essa paixão, eles venderam ainda mais coisas… Tudo que tinham, na verdade.

> Seja lembrado pela vida que você viveu, não pelas coisas que comprou. #casaminimalista

Dana descreveu isso. "Aos 27 anos, organizamos um leilão e vendemos tudo. As pessoas iam até o nosso leilão e perguntavam quem tinha morrido. Nós apenas sorríamos. Ninguém havia morrido, exceto, talvez, o nosso antigo eu."

Nos dois anos seguintes, Dana e Chris trabalhariam em dez países diferentes, tornando-se pioneiros no movimento da igreja on-line. Ao retornar aos Estados Unidos, há sete anos, Chris fundou uma empresa de sucesso na área de gerenciamento de dados. Dana agora atua na equipe de uma igreja em Indiana.

Agora eles podem se dar ao luxo de encher a casa com todos os móveis e itens de decoração, aparelhos e guloseimas que quiserem, mas tal pensamento nunca entrou seriamente em suas mentes. Eles vivem em uma casa livre e organizada, porque não querem perder jamais a mentalidade de quem está pronto para qualquer coisa, que adotaram ao minimizar a antiga casa.

Pedi a Dana que refletisse sobre como o minimalismo a transformou. E vou citá-la longamente, porque ela descreveu muito bem as verdadeiras riquezas que podemos encontrar na vida quando vivemos com menos.

> O minimalismo me ajudou a ser mais decidida e menos estressada. Portanto, sou mais capaz de buscar o legado que sempre desejei, mas que não estava claro até eu remover os elementos desnecessários da vida. Isso me ajudou a me libertar para viver a melhor versão da minha vida.
>
> Quando o dinheiro deixa de ser uma questão e você consegue focar nos seus valores, você encontra uma maneira de concretizar o que deseja. Depois de romper o sentimento de ter que fazer o que o mundo e a sociedade querem, você nunca mais vai querer voltar ao que era.
>
> Não tenho medo de chegar ao fim dos meus dias e desejar que eu tivesse encontrado uma maneira de multiplicar meus esforços. É exatamente o oposto: o minimalismo tem sido o efeito multiplicador para viver meus sonhos e cumprir um chamado na minha vida.
>
> Nós nos entorpecemos constantemente ao encobrirmos a dor, a tristeza e a frustração comprando alguma coisa. Porém, em algum momento, também acabamos encobrindo a paixão e o potencial. O minimalismo traz uma espécie de confiança. Tipo, quem se importa com o que os outros pensam? E, uma vez que você rompe essa barreira e chega ao ponto em que não precisa voltar ao que era, um novo mundo repleto de oportunidades se abre para você.

★ MAXIMIZAR O RESTO DA SUA VIDA — PASSO A PASSO

Eu não sou guru, conselheiro ou coach de vida. E não vou discutir mindfulness com você, mergulhar na sua infância ou incentivá-lo a mapear seu futuro. E não quero fazer suposições injustificadas a seu respeito, porque não sei exatamente aonde sua jornada está levando você. Todo mundo é diferente.

Mas observei certos movimentos básicos que acredito que todo novo minimalista tem que fazer em algum momento para alcançar e aproveitar o potencial que ter uma casa minimalista oferece. Esses passos vão conduzi-lo em seu caminho pela ponte que leva do sonhar ao fazer.

1. Primeiro enxergue o potencial em si mesmo

O minimalismo não tem a ver com desistir da vida. É exatamente o oposto: é estar mais comprometido com a vida. E isso nunca vai acontecer sem uma mentalidade de esperança.

Na minha visão, a verdade fica entre a propaganda massacrante de "Você pode fazer o que quiser!" e o derrotismo de "Pobre de mim, nunca serei ninguém na vida". O pensamento positivo é poderoso. Só não opera milagres. Mas isso não impede que qualquer um de nós tenha uma fé realista de que podemos melhorar nosso significado.

Então, nunca, nunca se venda barato. Com mais recursos no seu kit graças à minimização das suas coisas, você *pode* experimentar coisas novas e fazer alterações que antes pareciam fora de alcance. Então vá em frente e sonhe alto com o que você pode fazer com sua vida. Com sua coleção de coisas reduzidas a um tamanho racional, agora terá uma oportunidade verdadeira de expandir sua influência pessoal.

No capítulo 2, eu garanti a você a realização de um projeto de minimização da sua casa dizendo: "Você consegue fazer isso!" Da mesma forma, agora eu garanto que você vai conseguir capitalizar os ganhos que a minimização lhe proporcionou.

Você. Consegue.

2. Aloque seus recursos nas coisas que mais importam para você
O segundo passo para maximizar o resto da sua vida é começar a direcionar seus recursos para os valores que você já preza, aquelas coisas que o motivaram a buscar o minimalismo. Talvez viver sem dívidas seja um valor importante para você. Ótimo. Pegue as economias que está fazendo ao minimizar sua casa e use-as para pagar suas dívidas de cartão de crédito e empréstimos. Ou talvez viajar pelo mundo seja importante para você. Então planeje seu primeiro itinerário de viagem, guarde o dinheiro, reserve um tempo e vá em frente!

Seus valores mais importantes podem nunca mudar. Ou talvez mudem. Mas, a despeito disso, comece com o que é importante para você agora e reúna os recursos necessários. Junto com esses recursos, vai mudar o que enfatiza na sua vida.

3. Aprenda quando dizer não
Neste livro, nos concentramos em minimizar os bens materiais que existem dentro de casa. Mas as habilidades que adquirimos ao pesar os benefícios e os encargos dos objetos no nosso lar podem ser aplicadas em partes menos palpáveis da nossa vida, como a nossa agenda, os compromissos e os relacionamentos. Não temos controle total sobre como gastamos nosso tempo e com quem o gastamos, mas por vezes acabamos acatando opiniões de outras pessoas ou da sociedade. E dizer não às distrações significa dizer sim aos nossos sonhos.

Assim como alguns dos nossos pertences não são ruins, só não valem o suficiente para serem mantidos, certas coisas com as quais podemos gastar nosso tempo têm algum valor, só não nos ajudam a atingir nosso objetivo maior no momento.

Não, não posso fazer horas extras no trabalho neste fim de semana. O campeonato juvenil está chegando, e eu prometi ao meu filho que treinaria com ele.

Não, é melhor eu não ir a esse lugar que vende cheesecake depois do cinema. Estou no meio do meu regime e não quero perder o ritmo agora.

Não, não vou conseguir ir à reunião de família este ano. Estou usando o resto das minhas férias para trabalhar numa equipe que ajuda a reparar danos causados por desastres naturais.

Obrigado mesmo assim, mas não vou poder. (Eu tenho outra coisa ótima que preciso fazer!)

4. Nutrir gratidão, cultivar generosidade

Minimizar sua casa muda gradualmente suas atitudes em relação ao que você mantém e ao que você doa. Isto é, encoraja a gratidão e a generosidade. Essas duas atitudes podem ajudá-lo a se tornar a pessoa que você quer ser.

- Gratidão. Quando você não apenas não *tem* muita coisa, mas também não *quer* muita coisa, experimenta uma satisfação que a pessoa que deseja a mais recente invencionice e se enche de móveis nunca vai conhecer. Quando seus bens são reduzidos a somente aquilo de que precisa, você não só os percebe mais, mas também os valoriza mais. Você sente satisfação e paz. A gratidão surge de dentro, e essa é uma qualidade mais interessante do que a ganância jamais será.

  A gratidão também nos lembra de que temos muito a oferecer aos outros, se conectando a outra atitude:

- Generosidade. O minimalismo permite que você viva um estilo de vida mais altruísta. Se não está mais tentando ter uma vida de *mais, mais, mais*, você pode começar a viver uma vida de *dar, dar, dar*. Você se torna uma pessoa generosa, o tipo de pessoa que rega esse nosso mundo tão árido.

Em primeiro lugar, isso significa doar o seu excesso de bens. Espero que você tenha encontrado grande alegria e satisfação em doar suas coisas não utilizadas para a caridade, onde elas podem eventualmente passar às mãos daqueles que mais precisam. E espero que tenha descoberto que a generosidade tem suas próprias recompensas — e que você goste de como se sentiu com isso.

Posteriormente, você vai buscar mais oportunidades de ser generoso. Vai usar parte da sobra de dinheiro para apoiar as causas em que acredita, e usar o espaço que criou na sua agenda para ajudar e ser voluntário.

Torne-se mais generoso. Nunca conheci uma pessoa generosa que estivesse insatisfeita com isso.

5. Procure um propósito maior fora de si mesmo

Por fim, se estivermos atentos, vislumbraremos um pico mais alto a distância, algo que talvez não tenhamos visto quando começamos esta jornada. É um propósito além de nós mesmos. Um propósito maior do que nós mesmos. Um que é digno da vida que nos foi dada para viver.

Para alguns, esse objetivo é centrado em sua família: cônjuge, filhos, pais ou outros parentes.

Para outros, pode ser uma causa específica: os sem-teto, o meio ambiente, os animais, as crianças, os deficientes, os viciados ou qualquer outra coisa.

Outros ainda podem descobrir que, em sua carreira ou trabalho, conseguem encontrar um propósito maior servindo aos outros e não apenas ganhando um salário.

Que paixão existe dentro de você? Quais oportunidades se apresentam? A quais necessidades você tem capacidade para servir?

Desfrute as recompensas pessoais de minimizar a sua casa, é claro. Mas vá além e procure se apegar a propósitos externos a você mesmo.

6. Movimente-se

Neste mesmo livro, páginas atrás, descrevi nossas casas como um refúgio seguro das tempestades da vida e um porto de partida para experiências de maior utilidade e significado. Isso significa que *você é* o navio. E um navio é feito para se mover.

Em algum momento, você precisará levantar âncora e zarpar. Inscreva-se como treinador do time de futebol da sua filha. Preencha o formulário de inscrição para voluntários em uma ONG. Diga que está pronto para retomar seus estudos universitários.

Nós só progredimos enquanto estamos nos movimentando.

É verdade que você talvez nunca alcance o destino que tem em mente. E pode mudar de rumo não apenas uma vez, mas muitas vezes, realizando coisas diferentes daquilo que pretendia originalmente. Mas somente um navio em movimento pode reorientar sua navegação. E muitas vezes as novas oportunidades que descobrimos quando estamos indo para outro lugar são na verdade melhores do que poderíamos imaginar.

O *como* do *quê*

Enquanto escrevo isto, meu avô materno, Harold Salem, está com 96 anos e ainda trabalha em período integral em um programa de televisão religioso transmitido em inúmeros países. Minha avó, Beulah Salem, faleceu na véspera do Natal de 2007. Eles viveram a maior parte da vida em Aberdeen, Dakota do Sul, cidade onde aprendi que não há lugar como o nosso lar.

Quando eu era pequeno, meu avô era o pastor da igreja que frequentávamos. Mais tarde eu passaria a admirar sua pregação, porém, quando jovem, ficava entediado durante o culto. Sempre que isso acontecia, eu dizia a minha mãe que precisava ir ao banheiro. Na verdade, queria ficar com a minha avó.

Longe do santuário, eu encontrava vovó no berçário. Ela costumava ficar sentada tranquilamente em uma cadeira de balanço, colocando um bebê para dormir com uma expressão doce e contente no rosto. (Nunca conheci uma mulher tão talentosa em consolar e acalmar uma criança chorando, ou aliviar uma mãe ansiosa.) Eu perguntava se ela precisava de ajuda, e ela dizia que não, mas me convidava para ficar ali e lhe fazer companhia.

Enquanto ficávamos no berçário, uma televisão em preto e branco na parede mostrava meu avô pregando. Seus sermões eram transmitidos ao vivo pelo país e, por fim, ao redor do mundo, a partir do santuário que eu acabara de deixar para trás. Vovó assistia aos sermões fielmente toda semana naquela creche da igreja, cercada de pequenos.

Eu me lembro tão bem do contraste:
- meu avô no palco, o centro das atenções, pregando para as massas;
- minha avó em uma cadeira de balanço, escondida em uma pequena sala no corredor, cuidando de um bebê adormecido de cada vez.

Qual dos dois estava servindo aos outros?

Os dois!

Acredito que uma vida minimalista deveria ser uma vida com uma missão. Essa missão *pode ser* "grande" — audaciosa, visível, que atraia atenção. Mas não tem que ser. Coisas que parecem "pequenas" também podem ter grande impacto se você as fizer com amor e humildade.

De fato, assim como o minimalismo nos faz ir na contramão da forma como as pessoas se relacionam com as posses materiais, acredito que também deveria nos tornar diferentes na forma como lidamos com a busca de nossos objetivos. Quer estejamos riscando um item da lista do que queremos fazer antes de morrer (escalar o monte Kilimanjaro), fazendo a transição para um estilo de vida diferente (deixar o emprego em um escritório para vender artesanato on-line) ou liderando uma cruzada para servir de algum modo à humanidade (como lutar contra o abuso infantil), não fazemos isso para receber aplausos, mas porque é uma coisa boa em si. E espero que façamos isso exibindo virtudes como bondade, compaixão, solidariedade, sabedoria, prudência, modéstia, justiça e humor. São os tipos de virtudes de que nos aproximamos quando desprezamos os valores mais hostis do materialismo: cobiça, ganância e ostentação. Devemos nutrir as qualidades amorosas em nossos corações para que cresçam e gerem frutos.

Portanto, uma forma simples de resumir o meu convite para que todos nós persigamos os nossos sonhos é o seguinte: o *quê* (nossos objetivos e propósitos) é crucial, com certeza. Mas o *como* é igualmente importante.

Próxima geração, novo mundo

Eu estava sentado no estúdio de uma rádio do Colorado, dando uma entrevista, quando o apresentador disse que queria tocar um áudio para mim. Fiquei chocado ao ouvir a voz da minha filha saindo dos alto-falantes, respondendo a uma pergunta sobre como a paixão do pai pelo minimalismo influenciara a vida dela. "Aprendi que não preciso de tanta coisa quanto eu acho que preciso", disse Alexa, então com onze anos. "Porque nós acreditamos que precisamos de todas essas coisas, mas na verdade não usamos a maior parte delas."

Eu não sabia que os produtores do programa já tinham depoimento com Alexa por telefone para gravarem um depoimento e usá-lo na minha entrevista. A voz dela me pegou de surpresa. E vou confessar, fiquei um pouco embargado quando escutei aquelas palavras, embora eu tenha disfarçado rapidamente para poder continuar a conversa.

Ao refletir sobre a minha reação às palavras dela, acho que houve duas razões para que eu tenha ficado tão comovido.

Primeiro, senti orgulho, como pai, por ter incutido uma prioridade tão importante para mim como o minimalismo em Alexa. Existem muitos valores que espero transmitir aos meus filhos. O vazio de acumular bens materiais é um dos mais importantes. Aos onze anos, Alexa já "tinha entendido" — ela sabia que ter muitas coisas não é bom.

Segundo, e mais importante: quando percebi que Alexa realmente entendia as verdades do minimalismo, eu soube que ela estava preparada para realizar grandes coisas em sua vida. E sei que o mesmo vale para o irmão dela, Salem. Por não estarem apegados a coisas materiais, todo um mundo se abriu para eles, cheio de coisas maravilhosas que os dois podem buscar, vivenciar e alcançar. Talvez nem sempre aproveitem as oportunidades que tiverem, mas essas oportunidades estarão lá. Eles só precisam agarrá-las.

Acredito que o minimalismo mudará tudo para os meus filhos e para multidões da sua geração espalhadas em nações pelo mundo.

E o minimalismo pode fazer o mesmo por você, a partir de hoje.

Notas

Capítulo 1: A transformação minimalista

1. TRENTMANN, Frank. *Empire of Things: How We Became a World of Consumers, from the Fifteenth Century to the Twenty-First*. Nova York: HarperCollins, 2016. p. 683.
2. WHITEHOUSE, Mark. "Number of the Week: Americans Buy More Stuff They Don't Need", *Wall Street Journal*, 23 abr. 2011, disponível em <https://blogs.wsj.com/economics/2011/04/23/number-of-the-week-americans-buy-more-stuff-they-dont-need/>.
3. JAMESON, Marni. "Do You Really Need to Rent That Self-Storage Space?", *Orlando Sentinel*, 4 fev. 2016, disponível em <www.orlandosentinel.com/features/home/os-marni-jameson-self-storage-units--20160204-column.html>.
4. Self Storage Association, fact sheet, 1º jul. 2015, disponível em <www.selfstorage.org/LinkClick.aspx?fileticket=fJYAow6_AU0%3D&portalid=0>.
5. FERRO, Shane. "47% of American Households Save Nothing", *Business Insider*, 24 mar. 2015, <www.businessinsider.com/half-of-america-doesnt-save-any-money-2015-3#ixzz3Zv4X3MUR>.
6. Worldwatch Institute, "The State of Consumption Today", disponível em <www.worldwatch.org/node/810>.
7. Research and Markets, "Home Organization in the U.S.: General Purpose, Closets, Garages, and Storage Sheds, 4th edition", mar. 2017, dis-

ponível em <www.researchandmarkets.com/research/qf6j2p/home_organization>.
8 "Lost Something Already Today? Misplaced Items Cost Us Ten Minutes a Day", *Daily Mail* (Reino Unido), 20 mar. 2012, disponível em <www.dailymail.co.uk/news/article-2117987/Lost-today-Misplaced--items-cost-minutes-day.html>.
9 HOWARD, Steve. "IKEA Executive on Why the West Has Hit 'Peak Stuff'", entrevistado por Ari Shapiro, National Public Radio, 22 jan. 2016, disponível em <www.npr.org/2016/01/22/464013718/ikea-executive-on-why-the-west-has-hit-peak-stuff>.
10 SHEDD, John A. *The Yale Book of Quotations* (ed. Fred R. Shapiro). New Haven, CT: Yale University Press, 2006. p. 705.

Capítulo 2: O Método Becker

1 BECKER, Joshua. *Clutterfree with Kids: Change Your Thinking, Discover New Habits, Free Your Home*. Peoria, AZ: Becoming Minimalist, 2014. p 170.

Capítulo 3: Cômodos "nossos"

1 EMRATH, Paul. "Spaces in New Homes", National Association of Home Builders, 1º out. 2013, disponível em <www.nahb.org/en/research/housing-economics/special-studies/spaces-in-new-homes-2013.aspx>.
2 SANI, Guilia M. Dotti e TREAS, Judith. "Educational Gradients in Parents' Child-Care Time Across Countries, 1965-2012", *Journal of Marriage and Family* 78, n. 4, ago. 2016: 1083-96.

Capítulo 4: Refúgio pessoal

1 ESPOSITO, Lisa, "To Sleep Better, Stay Cool and Cut Clutter", *U.S. News and World Report,* 30 dez. 2015, disponível em <https://health.

usnews.com/health-news/health-wellness/articles/2015-12-30/to-sleep-better-stay-cool-and-cut-clutter>.

2   EMRATH, Paul. "Size of New Homes Continues to Edge Up", National Association of Home Builders, 14 ago. 2013, disponível em <http://eyeonhousing.org/2013/08/size-of-new-homes-continues-to-edge-up/>.

3   "Average Number of People Per Family in the United States from 1960 to 2016", *Statista*, disponível em <www.statista.com/statistics/183657/average-size-of-a-family-in-the-us/>.

4   Ovid, *Ars Amatoria*, II. 351.

5   JABR, Ferris. "Why Your Brain Needs More Downtime", *Scientific American*, 15 out. 2013, disponível em <www.scientificamerican.com/article/mental-downtime/>.

6   KOBLIN, John. "How Much Do We Love TV? Let Us Count the Ways", *The New York Times*, 30 jun. 2016, disponível em <www.nytimes.com/2016/07/01/business/media/nielsen-survey-media-viewing.html?mcubz=0>.

7   SCHMERLER, Jessica "Q&A: Why Is Blue Light Before Bedtime Bad for Sleep?", *Scientific American*, 1º set. 2015, disponível em <www.scientificamerican.com/article/q-a-why-is-blue-light-before-bedtime-bad-for-sleep/>.

8   ROSENBLATT, Paul C. *Two in a Bed: The Social System of Couple Bed Sharing*. Albany: State University of New York Press, 2006. pp. 9-10.

9   "TV's a Bedroom Turn-Off", *Manchester Evening News* (Reino Unido), atualizado em 12 jan. 2013, disponível em <www.manchestereveningnews.co.uk/news/greater-manchester-news/tvs-a-bedroom-turn-off-1016884>.

10 KELMON, Jessica. "Is There a TV in Your Child's Room?", Great Schools, 28 out. 2016, disponível em <www.greatschools.org/gk/articles/effects-of-tv-in-children-bedroom/>; e "Study Finds Children with Electronics in Their Bedrooms Get Less Sleep", *Huffington Post*, 6

jan. 2015, disponível em <www.huffingtonpost.com/2015/01/06/children-electronics-sleep_n_6422162.html>.
11 "How Much Sleep Do We Really Need?", National Sleep Foundation, https://sleepfoundation.org/how-sleep-works/how-much-sleep-do-we-really-need.
12 JONES, Jeffrey M. "In U.S., 40% Get Less Than Recommended Amount of Sleep", Gallup News, 19 dez. 2013, disponível em <http://news.gallup.com/poll/166553/less-recommended-amount-sleep.aspx>.
13 "Insufficient Sleep Is a Public Health Problem", Centers for Disease Control and Prevention, atualizado em 3 set. 2015, disponível em <www.cdc.gov/features/dssleep/> [site encerrado].
14 DEWAR, Gwen. "Sleep Requirements in Children", Parenting Science, última modificação em jan. 2014, disponível em <www.parentingscience.com/sleep-requirements.html>.
15 "How Long Is the Average Night's Sleep Around the World?", *Huffington Post*, 24 ago. 2013, disponível em <www.huffingtonpost.com/2013/08/24/average-daily-nightly-sleep-country-world_n_3805886.html>.

Capítulo 5: Icônico

1 GREGORY, Alice. "Alice Gregory on Finding a Uniform", J. Crew, disponível em <http://hello.jcrew.com/2014-10-oct/alice-gregory>.
2 THOREAU, Henry David. *Walden*, v. 1 (1854). Boston: Houghton Mifflin, 1897. p. 43.
3 KAHL, Matilda "Why I Wear the Exact Same Thing to Work Every Day", *Harper's Bazaar*, 3 abr. 2015, disponível em <www.harpersbazaar.com/culture/features/a10441/why-i-wear-the-same-thing-to-work-everday/>.
4 EMRATH, Paul. "Spaces in New Homes", National Association of Home Builders, 1º out. 2013, disponível em <www.nahb.org/en/

research/housing-economics/special-studies/spaces-in-new-homes-2013.aspx>.
5   WEIGLEY, Samuel. "11 Home Features Buyers Will Pay Extra For", *USA Today*, 28 abr. 2013, disponível em <www.usatoday.com/story/money/personalfinance/2013/04/28/24-7-home-features/2106203/>.
6   "Pantone Fashion Color Report for Fall 2008", Fashion Trendsetter, disponível em <www.fashiontrendsetter.com/content/color_trends/2008/Pantone-Fashion-Color-Report-Fall-2008.html#ixzz4YOwFPkko>.
7   JOHNSON, Emma. "The Real Cost of Your Shopping Habits", *Forbes*, 15 jan. 2015, disponível em <www.forbes.com/sites/emmajohnson/2015/01/15/the-real-cost-of-your-shopping-habits/#186188151452>.
8   FRAZEE, Gretchen. "How to Stop 13 Million Tons of Clothing from Getting Trashed Every Year", *PBS News Hour*, 7 jun. 2016, disponível em <www.pbs.org/newshour/updates/how-to-stop-13-million-tons-of-clothing-from-getting-trashed-every-year/>.
9   Johnson, "The Real Cost of Your Shopping Habits".
10 TRENTMANN, Frank. *Empire of Things: How We Became a World of Consumers, from the Fifteenth Century to the Twenty-First*. Nova York: HarperCollins, 2016. p. 674.
11 POULTER, Sean. "In Every Woman's Closet, 22 Items She Never Wears — and the Guilt Complex That Stops Them Clearing Wardrobes Out", *Daily Mail* (Reino Unido), 26 jan. 2011, disponível em <www.dailymail.co.uk/femail/article-1350447/Women-waste-1-6bn-clothes-Guilt-prevents-wardrobe-clear-out.html>.
12 CLINTON, Leah Melby. "This Is What the Average American Woman's Closet Is Worth", *Glamour*, 25 jun. 2015, disponível em <www.glamour.com/story/average-worth-of-clothing-owned>.
13 ADAMS, Rebecca. "Men Think About Sex Less Than Women Think About Fashion, Survey Says", *Huffington Post*, 8 jun. 2012, disponível em <www.huffingtonpost.com/2012/06/08/fashion-study-online-2012_n_1580663.html>.

14 SCHWARTZ, Barry. *O paradoxo da escolha: por que mais é menos*. São Paulo: A Girafa, 2007.

15 "Surprising Stats", Simply Orderly, disponível em <http://simplyorderly.com/surprising-statistics/>.

16 CARVER, Courtney. "Capsule Wardrobe Hacks: 10 Tiny Temporary Tips", Be More with Less, disponível em <https://bemorewithless.com/capsule-wardrobe-tips/>.

17 Apud PIERCE, Jon. *Social Studies: Collected Essays, 1974-2013*. Victoria, BC: Friesen Press, 2014. p. 205.

Capítulo 6: Varredura

1 KING, Ritchie. "Meet the Prototypical American Home: Three Bedrooms, Two Bathrooms, and Central Air", *Quartz*, 4 jan. 2013, disponível em <https://qz.com/40707/meet-the-prototypical-american-home-three-bedrooms-two-bathrooms-and-central-air/>; e EMRATH, Paul. "Size of New Homes Continues to Edge Up", Eye On Housing, 14 ago. 2013, disponível em <http://eyeonhousing.org/2013/08/size-of-new-homes-continues-to-edge-up/>.

2 BUTTERWORTH, Myra. "An Englishman's Ideal Home Isn't a Castle!", *Daily Mail* (Reino Unido), 18 mar. 2016, disponível em <www.dailymail.co.uk/property/article-3498631/Britons-look-three-bedroom-homes-sale-two-bathrooms-garden.html>; e CAHILL, Danielle. "What Does Australia's Ideal House Look Like?", 16 abr. 2016, disponível em <www.realestate.com.au/news/what-does-australias-ideal-house-look-like/>.

3 LEWIS, Edward. "Why Is the Bathroom the Most Important Room in the House?", LinkedIn, 23 fev. 2016, disponível em www.linkedin.com/pulse/why-bathroom-most-important-room-house-edward-lewis/.

4 WELLS, Katie. "Natural Homemade All-Purpose Cleaner (That Works!)", Wellness Mama, atualizado em 27 fev. 2018, disponível em <https://wellnessmama.com/756/homemade-all-purpose-cleaner/>.

5   WELLS, Katie. "How to Make Laundry Soap (Liquid or Powder Recipe)", Wellness Mama, 29 mar. 2018, disponível em <https://wellnessmama.com/462/homemade-laundry-detergent/>.
6   FOSTER, Ann C. "Household Healthcare Spending in 2014", *Beyond the Numbers* 5, n. 13 (ago. 2016), disponível em <www.bls.gov/opub/btn/volume-5/household-healthcare-spending-in-2014.htm>; e "Statistics on OTC Use", Consumer Healthcare Productions Association, disponível em <www.chpa.org/marketstats.aspx>.
7   "Where and How to Dispose of Unused Medicines", US Food and Drug Administration, 25 out. 2017, disponível em <www.fda.gov/ForConsumers/ConsumerUpdates/ucm101653.htm>.
8   ESCOBAR, Sam. "The Number of Makeup Products the Average Woman Owns Is Just Plain Shocking", *Good Housekeeping*, 14 out. 2015, disponível em <www.goodhousekeeping.com/beauty/makeup/a34976/average-makeup-products-owned/>.
9   FURY, Alexander. "Men's Grooming Is Now a Multi-Billion Pound Worldwide Industry", *Independent* (Reino Unido), 14 jan. 2016, disponível em <www.independent.co.uk/life-style/fashion/features/mens-grooming-is-now-a-multi-billion-pound-worldwide-industry--a6813196.html>.
10 ASHENBURG, Katherine. "Why Do Americans Cherish Cleanliness? Look to War and Advertising", *The New York Times*, 28 mai. 2013, disponível em <www.nytimes.com/roomfordebate/2013/05/27/are-americans-too-obsessed-with-cleanliness/why-do-americans-cherish-cleanliess-look-to-war-and-advertising>.
11 "Toiletry Industry Statistics", Statistic Brain, disponível em <www.statisticbrain.com/toiletry-soap-industry-statistics/>. As estatísticas se baseiam em uma pesquisa feita em 2016.
12 STIEHL, Christina. "America's Hygiene Obsession Is Expensive and Unhealthy", Thrillist, 26 jan. 2017, disponível em <www.thrillist.com/health/nation/expensive-american-hygiene-obsession>.

Capítulo 7: O coração do lar

1. FISHBACH, Ayelet apud VEDANTAM, Shankar. "Why Eating the Same Food Increases People's Trust and Cooperation", entrevistado por David Greene, NPR, 2 fev. 2017, disponível em <www.npr.org/2017/02/02/512998465/why-eating-the-same-food-increases-peoples-trust-and-cooperation>.
2. TRENTMANN, Frank. *Empire of Things: How We Became a World of Consumers, from the Fifteenth Century to the Twenty-First*. Nova York: HarperCollins, 2016. p. 674.
3. "Major Domestic Appliances Unit Sales Worldwide from 2006 to 2016 (in Millions)", *Statista*, disponível em <www.statista.com/statistics/539974/major-domestic-appliances-unit-sales-worldwide/>.
4. LONG, Heather. "23% of American Homes Have Two (Or More) Fridges", CNN Money, 27 mai. 2016, disponível em <http://money.cnn.com/2016/05/27/news/economy/23-percent-of-american-homes-have-2-fridges/index.html>.
5. BROWN, Larisa. "Revealed, Kitchen Gadgets That We Never End Up Using: Every Toastie and Coffee We Make Costs Us £10.68", *Daily Mail* (Reino Unido), 6 fev. 2013, disponível em <www.dailymail.co.uk/news/article-2274770/Revealed-kitchen-gadgets-end-using-Every-toastie-coffee-make-costs-10-68.html>.
6. BITTMAN, Mark. "A No-Frills Kitchen Still Cooks", *The New York Times*, 9 mai. 2007, disponível em <www.nytimes.com/2007/05/09/dining/09mini.html>.
7. BITTMAN, "A No-Frills Kitchen Still Cooks".
8. United States Census Bureau, "2013 Housing Profile: United States", mai. 2015, disponível em <www2.census.gov/programs-surveys/ahs/2013/factsheets/ahs13-1_UnitedStates.pdf>.
9. CHESTER, Tim. *A Meal with Jesus: Discovering Grace, Community, and Mission Around the Table*. Wheaton, IL: Crossway, 2011. p. 94.

Capítulo 8: Libertando a mente

1. CHOKSHI, Niraj. "Out of the Office: More People Are Working Remotely, Survey Finds", *New York Times*, 15 fev. 2017, disponível em <www.nytimes.com/2017/02/15/us/remote-workers-work-from-home.html>.
2. LINK, Craig. "About", Digital Minimalism, disponível em <https://digitalminimalism.org/about/>.
3. "Why Can't We Put Down Our Smartphones?", *60 Minutes*, 7 abr. 2017, disponível em <www.cbsnews.com/news/why-cant-we-put-down-our-smartphones-60-minutes/>.
4. NAFTULIN, Julia. "Here's How Many Times We Touch Our Phones Every Day", 13 jul. 2016, *Business Insider*, disponível em <www.businessinsider.com/dscout-esearch-people-touch-cell-phones-2617-times-a-day-2016-7>.

Capítulo 9: Desonere-se do passado

1. MACVEAN, Mary. "For Many People, Gathering Possessions Is Just the Stuff of Life", *Los Angeles Times*, 21 mar. 2014, disponível em <http://articles.latimes.com/2014/mar/21/health/la-he-keeping-stuff-20140322>.
2. "Pet Ownership", Global GfK Survey, mai. 2016, disponível em <www.gfk.com/fileadmin/user_upload/website_content/Global_Study/Documents/Globa-GfK-survey_Pet-Ownership_2016.pdf>.
3. JOSEPHSON, Amelia. "America's Pets by the Numbers: How Much We Spend on Our Animal Friends", LearnVest, 15 fev. 2016, disponível em <www.learnvest.com/2016/02/americas-pets-by-the-numbers-how-much-we-spend-on-our-animal-friends>.
4. JAY, Francine. "Declutter Your Fantasy Self", *Huffington Post*, 28 abr. 2016, disponível em <www.huffingtonpost.co.uk/francine-jay/declutter-your-fantasy-self_b_9785190.html>.
5. DAUCH, Carly; IMWALLE, Michelle; OCASIO, Brooke e METZ, Alexia E. "The Influence of the Number of Toys in the Environment

on Toddlers' Play", *Infant Behavior and Development* 50, n. 2 (fev. 2018): 78-87.

Capítulo 10: Sua segunda chance de causar uma primeira impressão

1   ASHDOWN, William. "Confessions of an Automobilist", *Atlantic Monthly*, jun. 1925, 788-92.
2   "A Brief History of American Garages", Blue Sky Builders, disponível em <www.blueskybuilders.com/blog/history-american-garages/>.
3   "A Brief History of American Garages".
4   DIETZ, Robert. "Two-Car Garage Most Common in New Homes", Eye On Housing, 15 set. 2015, disponível em <http://eyeonhousing.org/2015/09/two-car-garage-most-common-in-new-homes/>.
5   De 2004 a 2014, o número de garagens dos Estados Unidos grandes o bastante para comportar três ou mais carros aumentou de cerca de 19% para aproximadamente 23,5%. DIETZ, "Two-Car Garage Most Common in New Homes". Enquanto isso, o número médio de carros por domicílio nos Estados Unidos atingiu o pico de 2,07 em 2007. SCHMITT, Angie. "The American Cities with the Most Growth in Car-Free Households", Greater Greater Washington, 21 jan. 2014, disponível em <https://ggwash.org/view/33531/the-american-cities-with-the-most-growth-in-car-free-households>. Hoje, há 1,9 carro por domicílio nos Estados Unidos. "Household, Individual, and Vehicle Characteristics", Bureau of Transportation Statistics, disponível em <www.rita.dot.gov/bts/sites/rita.dot.gov.bts/files/publications/highlights_of_the_2001_national_household_travel_survey/html/section_01.html> (site encerrado).
6   "Almost 1 in 4 Americans Say Their Garage Is Too Cluttered to Fit Their Car", Gladiator GarageWorks, Cision, 9 jun. 2015, disponível em <www.prnewswire.com/news-releases/almost-1-in-4-americans-say-their-garage-is-too-cluttered-to-fit-their-car-300096246.html>.

7   ALLEN, Mike. "How to Dispose of Hazardous Waste", *Popular Mechanics*, 28 mar. 2006, disponível em <www.popularmechanics.com/cars/how-to/a329/2063646/>.
8   BOTSMAN, Rachel e ROGERS, Roo. *O que é meu é seu: como o consumo colaborativo vai mudar o nosso mundo*. Porto Alegre: Bookman, 2011.
9   WHILLANS, Ashley apud CHOKSHI, Niraj. "Want to Be Happy? Buy More Takeout and Hire a Maid, Study Suggests", *The New York Times*, 27 jul. 2017, disponível em <www.nytimes.com/2017/07/27/science/study-happy-save-money-time.html>.
10 "Historical Census of Housing Tables", United States Census Bureau, disponível em <www.census.gov/hhes/www/housing/census/historic/units.html>.
11 MCGILL, Andrew. "The Shrinking of the American Lawn", *Atlantic Monthly*, 6 jul. 2016, disponível em <www.theatlantic.com/business/archive/2016/07/lawns-census-bigger-homes-smaller-lots/489590/>.
12 CHUNG, Frank. "Lot Sizes Getting Smaller: The Great Australian Land Grab", 11 set. 2014, disponível em <www.news.com.au/finance/real-estate/buying/lot-sizes-getting-smaller-the-great-australian-land-grab/news-story/c14408ae4995b9b62a8d37313933f881>.

Seção especial: Guia de Manutenção do Minimalismo

1   "Holiday 2017", National Retail Federation, disponível em <https://nrf.com/resources/consumer-esearch-and-data/holiday-spending/holiday-headquarters>.

Capítulo 11: Uma pequena sugestão

1   SHERWOOD, Christina Hernandez. "Becoming Minimalist: When Having Fewer Possessions Means Living a Better Life", 12 ago. 2010,

ZDNet, disponível em <www.zdnet.com/article/becoming-minimalist-when-having-fewer-possessions-means-living-a-better-life/>.

2   CHALABI, Mona. "How Many Times Does the Average Person Move?", FiveThirtyEight, 29 jan. 2015, disponível em <https://fivethirtyeight.com/features/how-many-times-the-average-person-moves/>.

3   "Americans Moving at Historically Low Rates", United States Census Bureau, press release, 16 nov. 2016, disponível em <https://census.gov/newsroom/press-releases/2016/cb16-189.html>.

4   "Median and Average Square Feet of Floor Area in New Single-Family Houses Completed by Location", United States Census Bureau, disponível em <www.census.gov/const/C25Ann/sftotalmedavgsqft.pdf>.

5   PERRY, Mark J. "New U.S. Homes Today Are 1,000 Square Feet Larger Than in 1973 and Living Space Per Person Has Nearly Doubled", AEI, 5 jun. 2016, disponível em <www.aei.org/publication/new-us-homes-today-are-1000-square-feet-larger-than-in-1973-and-living-space-per-person-has-nearly-doubled/>.

6   "Average Number of People Per Household in the United States from 1960 to 2016", Statista, disponível em <www.statista.com/statistics/183648/average-size-of-households-in-the-us/>.

7   MCLAUGHLIN, Ralph. "Americans (Can't Get No) Home Size Satisfaction", Trulia, 1º mar. 2017, disponível em <www.trulia.com/blog/trends/home-size-survey-march-16/>.

8   WILSON, Lindsay. "How Big Is a House? Average House Size by Country", Shrink That Footprint, disponível em <http://shrinkthatfootprint.com/how-big-is-a-house>.

9   DESILVER, Drew. "As American Homes Get Bigger, Energy Efficiency Gains Are Wiped Out", Pew Research Center, 9 nov. 2015, disponível em <www.pewresearch.org/fact-tank/2015/11/09/as-american-homes-get-bigger-energy-efficiency-gains-are-wiped-out/>.

10 Bureau of Labor Statistics, US Department of Labor, "Consumer Expenditures — 2016", press release, 29 ago. 2017, disponível em <www.bls.gov/news.release/pdf/cesan.pdf>.

11 PYKE, Alan. "Americans Already Spent a Shocking Amount on Rent, But It Just Got Worse", *ThinkProgress*, 13 ago. 2015, disponível em <https://thinkprogress.org/americans-already-spent-a-shocking-amount-on-rent-but-it-just-got-worse-df2ba23a0a6d/>.

12 "U.S. Existing Home Median Sales Price", YCharts, disponível de <https://ycharts.com/indicators/sales_price_of_existing_homes>.

13 "Average Monthly Mortgage Payments", ValuePenguin, disponível em <www.valuepenguin.com/mortgages/average-monthly-mortgage-payment>.

14 TRAPASSO, Clare. "Homeowners Spent a Record Amount on Remodeling — but on What, Exactly?", Realtor.com, 28 fev. 2017, disponível em <www.realtor.com/news/trends/home owners-spend-record-amount-on-remodeling/>; e "List of Countries by Projected GDP", Statistics Times, 23 abr. 2017, disponível em <http://statisticstimes.com/economy/countries-by-projected-gdp.php>.

15 Para os fins desta tabela, estou partindo dos seguintes pressupostos: custo mediano para comprar uma casa de 1.324 dólares por metro quadrado; pagamento de financiamento a uma taxa de 4,25% para um empréstimo fixo de trinta anos; seguro do financiamento de 1% ao ano sobre o valor da hipoteca; imposto mensal sobre a propriedade de 1,15%; despesas mensais de 18,08 dólares por metro quadrado; custo de manutenção mensal aproximadamente baseado em 1% do valor da casa.

16 LOCAL, Charlotte apud HIGUERA, Valencia. "15 Reasons You Need to Downsize Your Home", Go Banking Rates, 15 out. 2017, disponível em <www.gobankingrates.com/investing/reasons-need-downsize-home/>.

17 Trulia, "8 Reasons to Buy a 1000-Square-Foot House", *Forbes*, 15 jun. 2016.

18 Publicado originalmente como "Why We Rent", *What If We Fly*, 14 abr. 2016, disponível em <www.whatifweflyblog.com/?p=219&>. Adaptado e usado com autorização.

19 OTET, Ama. "As US Apartments Get Smaller, Atlanta, Charlotte, Boston Rank Among Top Cities with Largest Rental Units", Rent Café

Blog, 23 jun. 2016, disponível em <www.rentcafe.com/blog/rental-market/us-average-apartment-size-trends-downward/>.

20 DE CASTELLA, Tom. "A Life Lived in Tiny Flats", *BBC News Magazine*, 19 abr. 2013, disponível em <www.bbc.com/news/magazine-22152622>.

Capítulo 12: Isso muda tudo

1 KAUFMAN, Scott Barry. "The Differences Between Happiness and Meaning in Life", *Scientific American*, 30 jan. 2016, disponível em <https://blogs.scientificamerican.com/beautiful-minds/the-differences-between-happiness-and-meaning-in-life/>.

2 HILL, Patrick L. e TURIANO, Nicholas A. "Purpose in Life as a Predictor of Mortality Across Adulthood", *Psychological Science* 25, n. 7 (8 mai. 2014): 1482-6.

Agradecimentos

Desde o momento em que meu vizinho me apresentou à palavra "minimalismo" até a última palavra escrita dentro de um avião, em algum lugar entre Reykjavík e Nova York, foram dez anos para concluir *A casa minimalista*. Direta e indiretamente, este livro é o resultado daqueles que me encorajaram.

Primeiro e mais importante, um muitíssimo obrigado que não cabe no papel a Eric Stanford, meu parceiro de escrita nesta obra. Eric foi o editor do meu primeiro livro na WaterBrook, *The More of Less*, e minha única exigência para este livro foi que ele assinasse meu projeto de novo. Entre prazos perdidos, sentenças inacabadas e rascunhos mal redigidos, Eric mostrou boa vontade e confiança, e até entusiasmo, em aceitar um papel bem maior do que o previsto inicialmente. Assim como aconteceu antes, sou uma pessoa melhor depois de trabalhar com ele. E este livro é dez vezes melhor também.

Sou grato também à minha editora, particularmente a Susan Tjaden e Tina Constable, por conduzirem minha escrita para esse caminho. Agradeço também ao meu agente, Christopher Ferebee, por seu apoio e orientação. Este livro é importante e de grande ajuda. Obrigado por sua coragem em me guiar nessa direção.

Agradeço também aos milhares de pessoas que participaram do meu curso Uncluttered. Suas histórias e perguntas, seus comentários e e-mails me trouxeram exemplos da vida real e experiências enriquecedoras. Vocês moldaram os princípios que existem neste livro. E seu sucesso foi uma fonte de inspiração.

Mais importante, agradeço à minha família, a quem dedico este livro. Sou grato aos meus pais, por construírem uma relação familiar saudável e amorosa — sem dúvida, vocês darão aos seus pais o crédito por terem feito o mesmo por vocês. E obrigado à minha mulher e aos meus filhos, Kim, Salem e Alexa, por me apoiarem no meu trabalho e na minha empreitada. Aonde quer que meu trabalho e minha paixão me levem, minha casa sempre será meu lugar favorito.

Direção editorial
Daniele Cajueiro

Editora responsável
Ana Carla Sousa

Produção editorial
Adriana Torres
Mariana Bard

Revisão de tradução
Carolina Leocádio

Revisão
Rachel Rimas

Projeto gráfico de miolo
Leandro Liporage

Diagramação
Filigrana

Este livro foi impresso em 2021
para a Agir.